JN260007

英語教育の素朴な疑問

教えるときの「思い込み」から考える

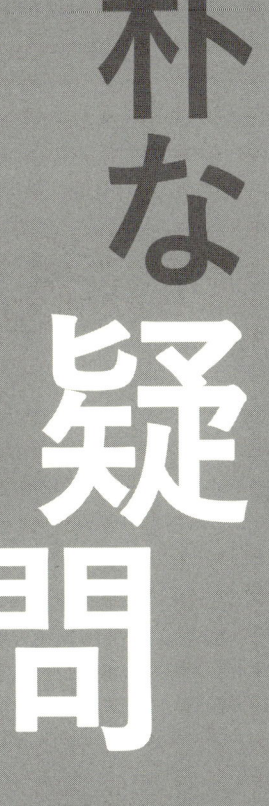

柴田美紀・横田秀樹 [著]

くろしお出版

はじめに

　人間は同じ行動を続けていると、それが当たり前で唯一だと思いこんでしまいます。たとえば、服などを買うとき、ついつい同じような色やスタイルのものを選んでいます。あるとき一緒に買い物に来ていた友だちに、これまで絶対見向きもしなかった色を勧められて、試着してみたら結構似合ったという経験はありませんか。「こうしなければならない」と一度思いこんでしまうと、何かきっかけがないかぎり、いつまでも同じ行動を繰り返すことになります。授業運営や指導法もそうした行動パターンのひとつではないでしょうか。そして、日々同じように教えている中でさまざまな疑問が生まれてきます。行動パターンと疑問は一見何の関係も無さそうですが、実は前者の根底にある「思いこみ」を捨ててみると、後者の答えが見えてくることがあります。

　本書のねらいは、教育現場での暗黙の了解や英語教師の思いこみを第二言語習得や語学教育の研究成果や理論から見直してみることです。そして、そこから導き出せることを、教室での具体的な指導や練習に結びつけながら考えていきます。本書が、読者のみなさんがどのような思いこみをしていたかに気づき、それをどのように変えていくとよいのかを考えるきっかけになれば幸いです。

　ただし、ご留意いただきたいのは、私たちが取りあげる研究結果、指導方法、アクティビティが必ずしもそのまますべての英語の授業にあてはまるわけではないということです。学校の方針や生徒のレベルなど教育現場の現状によりますが、「この指導法は私のクラスでは無理」「うちのレベルではお話しにならない」とすぐ決めてしまわないで、しかし同時に「本に紹介されていることはそのまま使える」という思いこみを捨て、どのように自分のクラスに応用できるかを考えていただきたいと思います。私たちが紹介する第二言語習得理論や研究結果を一方的に知識として受け取るのではなく、ご自分の教え方や授業運営と照らし合わせ

てみることで、これまでの暗黙の了解や思いこみから解放されるでしょう。そして、「だからあの教え方は効果があったのか」「あのアクティビティがうまくいかなかったのはこういう理由だったからだ」といった発見の手がかり、また「ここを変えたらいいかもしれない」「この次はこのようにやってみよう」など、従来の授業で使ってきた指導法や練習方法を工夫するヒントになることを願っています。

本書の構成

　本書は5つのテーマに分かれ、あわせて13の章から構成されています。内容は英語教育のすべてを扱っているわけではなく、限定的なものになっています（英語教育に必要な知識や内容を扱った専門書や解説書はいくつか出版されているので、英語教育に関わる全般的な知識を得るためにはそちらをご参照ください）。本書では、私たちがこれまで携わった英語教員研修講座を通してわかった、現場の先生たちが直面している問題や疑問で主なものを取りあげることにしました。内容をより理解できるように、文中では平易なことばと身近な例を使い、図や表を多用することで視覚的にもわかりやすくしました。

　各部の最初に、Reflective Exercise として、読者のみなさんが思いこんでいるだろうと思われる事項を5つあるいは6つ記載しました。まず、そのひとつひとつに、ご自分がどの程度思いこんでいるかをチェックしてみてください。また、私たちがこれまでに行った教員研修の経験をもとに、教育現場の先生がお持ちであろうと思われる素朴な疑問を、各セクションの小見出しの一部としました。そして、各部のまとめとして、各章で取りあげたポイントからそれらの思いこみを解説します。また、平成24年（中学校）と平成25年（高等学校）に施行された指導要領とその解説の内容を併記したほうがより章の内容が理解しやすいと思うところは、関連箇所を抜粋しました。

謝辞

　本書の執筆にあたっては、多くの方々にお世話になりました。まず、私たちがこれまでに担当した、英語教員研修に参加された現職の先生がたからの質問やコメントが本書執筆のきっかけとなり、たいへん参考になりました。白畑知彦氏と松村昌紀氏にはご多忙にもかかわらず、丁寧に草稿を読んでいただき、鋭いご指摘とともに、貴重なコメントおよび提案をいただきました。また、本書の一部を読んでいただいた川﨑貴子氏（第13章）、村野井仁氏（第4章）、吉村富美子氏（第7・8章）からも有益なコメントをいただきました。ここに感謝申し上げます。そして、本書の企画段階から、温かく、辛抱強く、かつ着実に最終稿まで私たちを導いてくださった、くろしお出版の池上達昭さんに心よりお礼申し上げます。

2014年3月1日
柴田美紀・横田秀樹

目　次

はじめに　1
【本書を読む前に】　10

□第1部　第二言語習得理論と英語教育□

第1章　教育現場に関わるSLA理論 …………………… 24
1．理論と実践の結びつき
　　　教育現場に理論や研究成果は直結するのか　24
2．第二言語習得のプロセス
　　　学習者の頭の中で何が起こっているか　25
3．第二言語習得に関わる4つの仮説
　　　習得過程を理論的に説明できるのか　27
この章のポイント　37

第2章　SLA理論で教室指導を考えてみる …………………… 38
1．第二言語習得理論から見る授業運営
　　　個々の言語活動にどのような理論的意義があるのか　38
2．教室におけるアウトプットの意味
　　　英語の授業でなぜ生徒は英語を使う必要があるのか　41
3．文法指導の意義
　　　「文法を教える」は何を意味するのか　42
この章のポイント　45
ちょっとひといき：「教室」という学習環境の特徴をつかむ　46

第3章　SLA理論から授業の流れを検証してみる …………………48
1．授業の流れ
　　　　教師は授業時間をどのように使っているか　48
2．授業実践を振り返る
　　　　教室での活動は外国語学習の促進につながっているか　50
　　この章のポイント　58

第1部のまとめ ……………………………………………………59

□第2部　文法指導はどこへ行く□

第4章　教室における文法指導の意義 ………………………………66
1．文法指導のあり方
　　　　文法指導はこれまでの教授法でどのような位置づけであったか　66
2．文法の指導手順
　　　　必ず最初に文法説明をする必要があるのか　69
3．文法規則の提示
　　　　文法規則はいつも教師が明示的に説明するべきか　72
4．文法知識の学習と習得
　　　　文法項目はみな同じ教え方でいいのか　74
　　この章のポイント　76
　　ちょっとひといき：アプローチやアクティビティが生まれた背景を理解する　77

第5章　文法練習のゴール〜形式と意味伝達 ………………………79
1．文法とコンテクスト
　　　　機能とは何を指すのか　79
2．言語運用能力の向上
　　　　形式練習と意味伝達の活動をどのように取り入れるか　83
3．文法練習の作成と実施
　　　　なぜ文法練習がうまくいかないのか　88
　　この章のポイント　91

第6章　学習者の「誤り」から見えてくるもの　……………………92

1．「誤り」をめぐるこれまでの研究
誤りの研究から何が見えてきたか　92
2．「誤り」研究からの示唆
教室指導で何を留意するべきか　98
3．習得順序の存在
なぜ訂正しても誤りが直らないのか　100
4．説明と訂正の効果
明示的指導法は誤りに効果があるのか　105

この章のポイント　109

第2部のまとめ　……………………………………………110

□第3部　英語教師を悩ませる「ライティング指導」と「英語の授業」を考える□

第7章　わかりやすい文章を指導するために　……………………116

1．ライティング指導の到達目標
学習指導要領で何が求められているか　116
2．わかりやすい文章の条件
何を意識すると上手に文章が書けるのか　122
3．ライティング・プロセス
「書く」とは具体的にどのような活動なのか　125
4．パラグラフ構成
文章が文の羅列にならないためにはどうしたらよいのか　128

この章のポイント　130

第8章　ライティング指導が目指すこと～生徒は執筆者・先生は読者　……………………132

1．ライティングは順序良く
なぜ、ライティングを敬遠するのか　132

2．ライティング練習
　　　　書けない生徒にどのようなサポートができるか　133
　　3．自己点検とピア・レビュー
　　　　生徒に「執筆者」としての自覚を持たせるために何ができるか　136
　この章のまとめ　139

第9章　英語の授業で日本語を使う ………………………………………142
　　1．英語で授業を行う意図
　　　　英語の授業をなぜ英語で行う必要があるのか　143
　　2．日本語を使うメリット
　　　　日本語の使用は学習や指導の効果に影響するか　145
　　3．日本語乱用を回避
　　　　日本語使用の適切なタイミングはいつなのか　149
　　4．英語の授業で英語を使う
　　　　英語力が十分でないクラスでも英語で授業ができるのか　151
　　5．教員の英語力
　　　　ネイティブみたいに英語がしゃべれなくても英語で授業を行うのか　153
　この章のポイント　154

第3部のまとめ ………………………………………………………………155

□第4部　目に見えない力を評価する□

第10章　「英語のテスト」が測定しているもの ……………………………162
　　1．「英語力」の測定
　　　　テストは英語力の何を測定するのか　162
　　2．スキルの測定
　　　　具体的にどのような能力をテストするのか　163
　　3．テストと理論
　　　　外国語教育理論はテストの目的や主題形式に影響するのか　166
　　4．テストの目的

　　　　　　　テスト結果をどのように活用するか　168
　　　5．テスト結果と指導
　　　　　　　テスト結果は何を教えてくれるか　170
　　この章のポイント　172
　　ちょっとひといき：英語力を適切に測定するための指示文　173

第11章　本当に「測定したい」力を測定するために……………176
　　　1．テスト作成の基準
　　　　　　　英語力を適切に測定するためにどのようなテストを作るべきか　176
　　　2．客観テスト
　　　　　　　作成も採点も簡単なのか　178
　　　3．主観テスト
　　　　　　　客観的かつ公平に採点するためにパフォーマンスを
　　　　　　　どのように評価するか　184
　　この章のポイント　187
　　ちょっとひといき：英語力を適切に測定するための点数配分　188

第4部のまとめ ………………………………………………………190

□第5部　ジャパニーズ・イングリッシュとリンガ・フランカ英語□

第12章　言語態度とジャパニーズ・イングリッシュ……………196
　　　1．英語の分類
　　　　　　　同じ「英語」なのに何が違うのか　196
　　　2．「英語母語話者」の定義
　　　　　　　ネイティブ・スピーカーとは誰のことか　198
　　　3．日本人の英語
　　　　　　　ジャパニーズ・イングリッシュは「カッコよくない」のか　199
　　　4．言語アイデンティティと言語態度
　　　　　　　英語母語話者偏重とジャパニーズ・イングリッシュへの
　　　　　　　自信のなさはどこから来るのか　204
　　この章のポイント　207

第13章　未来のリンガ・フランカ英語話者を育てる……………208
　　1．非英語母語話者とリンガ・フランカ話者
　　　　ELF使用者に何が求められているのか　208
　　2．みんなで使えば共通語
　　　　独自の英語で相互理解ができるのか　210
　　3．ELF使用者育成の指導における留意点
　　　　「とにかく英語で話してみよう」という励ましは何をもたらすか　214
　　4．英語教育の二面性
　　　　英語コミュニケーション能力向上のために教師が
　　　　留意すべきことは何か　　　　　　　　　　215
　　5．これからの英語教育
　　　　ELF使用者に求められるものは何か　217
　　この章のポイント　218
　　ちょっとひといき：同じ英語でもこんなに違う！　219

第5部のまとめ ……………………………………………………220

参考文献　223

【本書を読む前に】

１．本書に出てくる用語について

　文章中には第二言語習得理論や外国語教育で使われる用語がいくつか出てきますので、その主なものを以下に説明しておきます。

（１）インプット（input）、アウトプット（output）、インタラクション（interaction）、フィードバック（feedback）

　学習言語[1]でリスニングやリーディングの活動をするときに、耳あるいは目から入ってくることばの情報を**インプット**といいます。第二言語習得理論では、このインプットの重要性をうたっています。インプットは、必ずしも先生から生徒に与えるものに限定するものではありません。教室をコミュニケーションの場とするならば、生徒同士のやりとりやクラスメートと先生のやりとりを聞くこともインプットです。また、学習言語を使って話したり（スピーキング）、書いたり（ライティング）することを**アウトプット**といいます。アウトプットすることで、先生やクラスメートから反応が返ってきます。この反応を**フィードバック**と呼びます。こちらが使った英文が正しく伝われば相手はその内容について適切な返答をしてくれます。ところが、正しく理解できないとき、相手はわからないという意志表示をしたりこちらの言語表現を訂正したりするでしょう。この場合、伝えたいことを別の単語や文体を使って言い換えたり、直接「英語で何と言いますか」と尋ねたりするかもしれません。このようなやりとりすべてを**インタラクション**と呼びます。ここで、教室におけるインプットとアウトプットの流れを、ハーマー（Jeremy Harmer）の図で確認しておきましょう[2]。

---

[1]　本書では日本の英語教育を前提としていますので、学習している言語（学習言語）は英語です。

[2]　Harmer（2007, p. 266）原文は英語、筆者和訳。

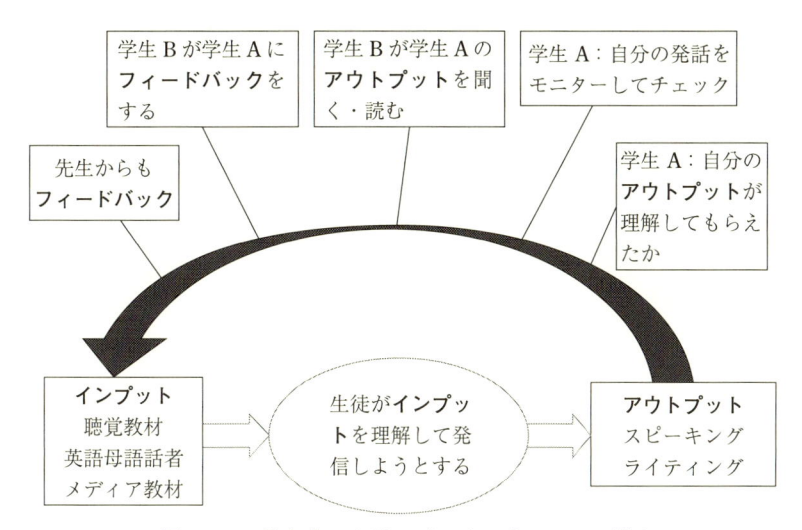

図0.1　教室内におけるインタラクションの流れ

（2）学習（learning）と習得（acquisition）

　第二言語習得理論では、**学習**と**習得**を区別します[3]。「学習」というのは、学習者がある文法項目に注意を向け、形式とその意味を理解して覚えることで身につけようとすることを指します。一方、学習言語にたくさん触れているうちに、学習者本人が文法規則に意識を向け学習するつもりがなくても知らないうちに必要な文法を使って理解したり表現したりできるとき、「習得」ということばを使います。

　学習した知識と習得した知識は、それぞれ次のような特徴があります。前者は意識してことばで説明ができる一方で、必要な場面で即座に使えるとは限りません。後者はことばで説明ができないにも関わらず、発話の際に正確な文をアウトプットしています。第二言語習得理論では、学習した知識と習得した知識の関係について、2つの考え方があります。ひとつは、前者は後者に変わることはないという主張です[4]。ク

---

[3]　Krashen（1982, 1984）
[4]　「非インターフェースの立場」といわれています。クラッシェンは習得・学習

ラッシェン（Stephen Krashen）は、学習した知識は学習者が自分の発話をチェックする、モニター機能しか持たないと主張しています[5]。**モニター**とは、意味を伝達するために学習者が語彙と文法規則を意識しながら文を組み立てたり、発話の途中で語彙や文法形式を変更したり修正したり、さらに言い終わってから自分の発話が文法的に正しいかを確認したりする行動を指します。一方で、学習された知識は習得された知識に変わると主張する研究者もいます[6]。

（3）形式（form）、意味（meaning）、機能（function）

ラーセン・フリーマン（Diane Larsen-Freeman）は、文法規則の使用とは正しい形（form）を使うことで、その形式が意味（meaning）をなし、かつ適切なコンテクストで用いることで特定の社会的役割（social function）を果たすことだとし、図0．2のように図式化しました[7]。形式には、音声情報、文字、手話のようなサイン、文法形態素（文法規則を言語的に表すために必要な情報で、たとえば規則動詞の過去形-edのような語形変化や機能語を含みます）、統語パターン（5文型や受動態など文における語の並びを指します）が構成単位として含まれています。意味は語や句の意味に加え、単語に付加することで否定を

　仮説（Acquisition-Learning Hypothesis）として、この2つを明確に区別しています。この仮説は、彼が提唱したモニター・モデル（Monitor Model）を構成する5つの仮説のひとつです。モニター・モデルは、包括的な第二言語習得の理論として1980年代に広く受け入れられました。
5　モニター仮説（Monitor Hypothesis）といい、これもクラッシェンのモニター・モデルの一部を成す仮説です。
6　「インターフェースの立場」と呼ばれ、練習などを通して、学習した知識が自動化されることで習得につながると主張されています（Bialystock 1979, McLaughlin 1978 他）。
7　Larsen-Freeman（2003）原文は英語、筆者和訳。ラーセン・フリーマンはuseという用語を使っていますが、p. 35 に use の説明として The units of this dimension are social functions (such as promising, inviting, agreeing, disagreeing, and apologizing) と書いています。したがって、使用（use）を機能（function）と置き換えてもよいと考え、本書では機能という語を用いています。

表す接頭辞 non のように単語より小さいけれど意味を持つ派生形態素、概念（たとえば、空間や時間）を含みます。さらに、複数の文の集合であるコンテクスト（文脈）に応じた形式を使用することで、それが適切な機能を果たします。

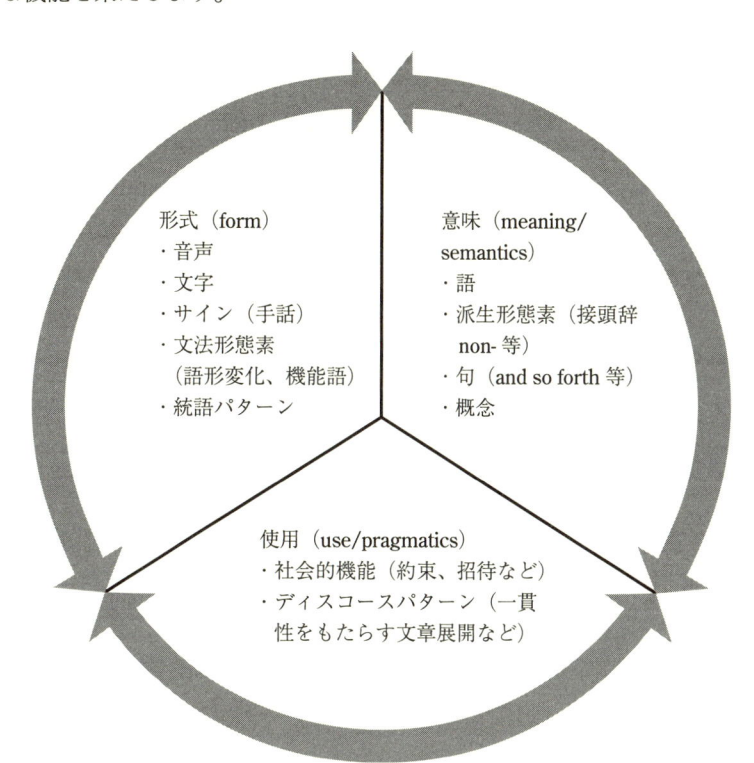

```
形式 (form)
・音声
・文字
・サイン（手話）
・文法形態素
  （語形変化、機能語）
・統語パターン

意味 (meaning/semantics)
・語
・派生形態素（接頭辞 non- 等）
・句（and so forth 等）
・概念

使用 (use/pragmatics)
・社会的機能（約束、招待など）
・ディスコースパターン（一貫性をもたらす文章展開など）
```

図 0.2　3つの要素とその構成単位（Larsen-Freeman, 2003, p. 35）

つまり、形式・意味・使用（機能）の3要素を持って「文法」なのです。さらに、ラーセン・フリーマンは、特定の文法を考えるとき次の質問[8]を考えると、3要素の関係が見えてくる（つまり、形式・意味・機能をマッピングできる）と唱えています。

8　Larsen-Freeman（2003, p. 36）括弧内は原文、筆者和訳。

形式：どのような形をしているか［How is the unit formed?］
意味：その形式の文字通りの意味は何か［What does it mean (its essential meaning)?］
機能：いつ、なぜ、その形式が使われるのか［When and why is it used?］

（4）コミュニケーション能力（communicative competence）

　昨今、よく耳にする用語ですが、英語教育の現場ではその中身についてあまり深く理解されずに使われているようです。村野井（2006）は先行研究をまとめてコミュニケーション能力を以下のように定義しています[9]。この定義が示すように英語コミュニケーション能力[10]はことば（言語能力）以外に**方略能力**、**認知能力**、**世界のさまざまな事柄についての知識・考え**、および**態度・姿勢**といった構成要素を含んでいます。以下にこれらの構成要素について村野井の説明と図を引用します。

①言語能力
　　a. 文法能力：語彙、文法、音韻、文字などを使いこなす能力
　　b. 談話能力：まとまりのある文章や対話を理解でき、こちらの伝えたいことを論理的に口頭もしくは一貫性のある文章で表現できる能力
　　c. 社会言語能力：社会を構成する人として、場面や状況を見極めて適切な言語表現ができる能力
　　d. 機能能力：言語が持つ機能を理解し、言語を使ってその機能を果たすことができる能力
②方略能力（コミュニケーションを円滑に進めるための方略を使う能力）

---

[9] 村野井（2006）のp. 169の図を引用し、説明の都合上番号は著者が追加しました。
[10] 村野井（2006）では、「第二言語コミュニケーション能力」という用語が使われています。

③認知能力（思考力、類推力、想像力、分析力などの考える力）
④世界のさまざまな事柄についての知識・考え（自分が住む地域も含め世界の歴史や環境に関する知識とその知識に基づいた考え）
⑤態度・姿勢（異文化に対する態度など人間の価値観や人間性などを土台とした態度・姿勢）

```
┌─────────────────────────┐      ┌─────────────────────────┐
│①言語能力（language competence）│      │②方略能力（strategic competence）│
└─────────────────────────┘      └─────────────────────────┘
                    ↘                          ↙
                ┌─────────────────────────────────────┐
                │コミュニケーション能力（communicative competence）│
                └─────────────────────────────────────┘
                    ↗            ↑            ↖
┌─────────────────────┐  │  ┌──────────────────────────────────┐
│③認知能力            │  │  │④世界のさまざまな事柄についての知識・│
│（cognitive competence）│  │  │考え（real-world knowledge/thoughts）│
└─────────────────────┘  │  └──────────────────────────────────┘
                ┌──────────────────────────────────┐
                │⑤態度・姿勢（価値観，人間性などを含む）│
                │（attitudes/values/personality）    │
                └──────────────────────────────────┘
```

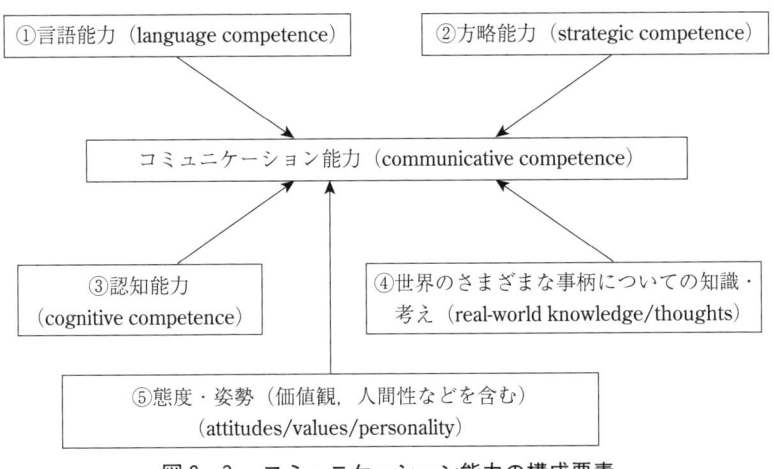

図0.3　コミュニケーション能力の構成要素

(5) 第一言語 (first language) と第二言語 (second language)

　母語を**第一言語**とすると、その後学習あるいは習得された言語を**第二言語**と呼びます。日本語が日常的に使われる環境で育つと、日本語が第一言語となります。そして、小学校あるいは中学校などで学習を始めた英語は第二言語となります。大学で第二外国語として学習するドイツ語やフランス語、中国語などは、順番からすると第三言語になるのですが、第二言語習得研究の分野では、広い意味ですべて第二言語と呼んでいます。なお、本書では適宜、第二言語をL2、第二言語習得をSecond Language Acquisition の頭文字を取ってSLAと表記します。また、第一言語より母語のほうが一般的に使用されているので、本書では母語に

統一します。

（６）**中間言語**（interlanguage）

　構造的に学習者の母語と第二言語の中間に位置するL2学習者の言語という意味でセリンカー（Larry Selinker）が用いた用語です[11]。現在では母語の影響があるか否かに関わらず、L2学習者が独自に作りあげた言語知識を**中間言語**と呼んでいます。発達途中にある中間言語には、学習言語の文法規則に基づくと「誤り」になる言語使用が見られますが、それらは決してランダムな間違いではありません。L2学習者の言語使用は、その時点で自らが持っている言語知識に基づいているため、「誤り」の中にも規則性があります。また、目標言語に向かって常に修正されていくことも、中間言語の特徴のひとつです。

（７）**ドリル**（drill）、**プラクティス**（practice）、**アクティビティ**（activity）、**タスク**（task）

　これらは境界線が引きにくいものもありますが、ここでは便宜上大まかな区分を示しておきます。**ドリル**と**プラクティス**は、ほぼ同義として扱われ、いずれも学習した文法知識を自動化することを主な目的としています。たとえば、We play tennis. の主語を She や You へと入れかえていくことで動詞の変化を素早くできるようにすることを目的とした「置きかえドリル」や、文型練習が主たるねらいですが、同時に情報の伝達も目的とする「有意味ドリル」などがあります。**アクティビティ**は特定の文法、語彙、表現などを用いて行う活動のことです。一方、**タスク**はそのような特定の言語形式を使用する制限はなく、意味のやりとりを通して与えられた課題を達成することを目標とした活動です。

---

[11] Selinker（1969, 1972）

(8) フォーカス・オン・フォームズ (Focus on Forms)、フォーカス・オン・ミーニング (Focus on Meaning)、フォーカス・オン・フォーム (Focus on Form)

　言語使用のコンテクストから切り離して文法形式を中心に教える指導法は「**フォーカス・オン・フォームズ**」と呼ばれています。この方法は、生徒が実際の使用場面に直面したとき学習した文法知識が使えないことが問題点として指摘されてきました。そこで、コミュニケーションにおける意味伝達を重視した「**フォーカス・オン・ミーニング**」が生まれました。ところが、意味重視に偏ってしまった結果、今度は学習言語の文法知識が体系的に身につかないことがわかりました。そして昨今、英語教育では意味伝達に焦点をあてながら、文法指導を行う「**フォーカス・オン・フォーム**」というアプローチが取り入れられています。「フォーカス・オン・フォームズ」と「フォーカス・オン・フォーム」はどちらも文法指導をしますが、図0.4に示す相違点があります[12]。

> **フォーカス・オン・フォームズ**
> ・言語形式（文法）を明示的に説明する。
> ・教師は予め教える文法項目を決めておく。
> ・形式は個別に教えられる（個別に学習した形式は言語知識として蓄積されていくことを前提としている）。
> ・使用場面と結びつけた練習はほとんど行わない。

> **フォーカス・オン・フォーム**
> ・意味内容の伝達（コミュニケーション）を重視するが、文法を切り離しているわけではない。
> ・自然な使用場面で目標言語を使うことで、形式、意味、機能の結びつきを学ぶ。
> ・コミュニケーション活動を行う中で正確な意思伝達のために必要な文法項目を教える。

図0.4　「言語形式のための文法指導」対「意味伝達のための文法指導」

---

[12] 村野井 (2006)、和泉 (2009) を参考にしました。

（9）明示的文法知識（explicit grammatical knowledge）と暗示的文法知識（implicit grammatical knowledge）

　明示的文法知識は「その文法項目をことばで説明でき、意識して使う知識」、暗示的文法知識は「正しい文が作れるけれど、どのような規則があるかを具体的にことばで説明できない知識」と定義されています。前者は学習を通して得た言語知識、後者は知らないうちに習得していた言語知識とみなすこともできます[13]。

(10) 母語と母国語[14]

　母語と母国語は異なります。**母語**は生まれたときから触れ習得した言語を指し、**母国語**は住んでいる国で公的に使用されている言語を指します。したがって、必ずしも母語と母国語が同じ言語であるとは限りませ

---

[13] ただし、和泉（2009）では明示的知識と暗示的知識の用語は認知心理学で使われているため、「学習された知識」と「習得された知識」とは理論的背景が異なり、必ずしも同じようには扱えないと述べています（p. 67）。

[14] このふたつにはあえて英語訳を記載していません。田中克彦はその著書『ことばと国家』（1981年）の中で、母語と母国語について次のように書いています。

　母国語とは、母国のことば、すなわち国語に母のイメージを載せた煽情的でいかがわしい造語である。母語は、いかなる政治的環境からも切りはなし、ただひたすらに、ことばの伝え手である母と受け手である子供との関係でとらえるところに、この語の存在意義がある。母語にとって、それがある国家に属しているか否かは関係がないのに、母国語すなわち母国のことばは、政治以前の関係である母にではなく国家にむすびついている（p. 41）。

　英語の mother tongue が母語に相当すると考えられますが、英和辞典には母語に加え母国語と記載している辞書もあります。母国語が国家と結びつくという点で、national language という英訳がふさわしい気がしますが、この英語表現に相当する日本語は国語です。日本では多くの人が母語と母国語（国語）がひとつの言語、すなわち日本語であるため、母語と母国語との区別はあいまいで、はっきりと使い分けをしていません。しかし、国語あるいは national language ということばは非常に繊細な問題（たとえばアイデンティティ）を含んでいます。こうした理由で本書ではあえて「母語」、「母国語」については英訳の記載を避けました。

ん。日本に生まれると、ほとんどの場合、周りの大人は日本語を話しています。そのような環境で育てば、母語が日本語になります。さらに、社会生活も日本語です。たとえば役所での手続きは日本語でできますし、教育やメディアでも日本語が主言語であることから、国全体のあらゆることが日本語で事足ります。したがって、日本で生まれ育った人の大半は日本語を母語と母国語とすることから、両者の違いを意識することはほとんどありません。ところが、アメリカに行くと母語と母国語が違う人がたくさんいます。たとえば、メキシコからアメリカへ移住した両親をもつ子どもが、生まれたときからずっと日常生活でスペイン語に触れ、使っている場合、スペイン語が母語になり、一方アメリカ社会で公的な言語として使われている英語が母国語になります。

2．表記や脚注について

　本書では、文中に名前の姓が敬称を省略して出てきたり、アルファベットで書かれたりしています。このように表記されている姓は人物を指すのではなく、その人が発表した研究論文を指しています。ですから、たとえ呼び捨てにしてあってもその人に失礼にはなりません。そういう苗字の研究者が発表した研究論文の呼び名だと考えてください。また、苗字がアルファベットで書かれている場合は、その論文が英語で書かれたものであることを表しています。

　また、脚注にその章で扱った個々のトピックに関連した研究論文を人名（西暦）という表記で紹介しています。たとえば、Shibata (2011) と書いてあれば、2011年にShibataという人が英語で書いた論文であることを表しています。トピックに興味を持ったのでもっと知りたいという方は、脚注に紹介されている論文を読んでみてください。紹介された論文は、巻末の参考文献を見ると以下の情報が書かれています。

①論文を発表した人の名前
②発表した年
③論文のタイトル
④論文が載っているところ（専門誌の場合、そのタイトル、巻号、記載ページ、本の場合、その編者、タイトル、記載ページが書かれています）

　SLAや英語教育関連の論文の多くは、一部を除いて有料でダウンロードできます。年代が古い論文の中には電子化されていないものがあるので、その場合は最寄りの、あるいは出身の大学図書館に問い合わせてみるのもひとつの方法でしょう。

第 1 部

第二言語習得理論と英語教育

【Reflective Exercise】

> それぞれの項目について、自分の考えに一番あてはまるものをひとつ選んで□に✓をつけてください。
>
> (1) 理論や研究は実際の授業運営や指導にはあまり役に立たない。
>   □思わない　□どちらかと言うと思わない　□どちらかと言うと思う　□思う
>
> (2) 英語を上手に教えるには指導の経験を積めばよい。
>   □思わない　□どちらかと言うと思わない　□どちらかと言うと思う　□思う
>
> (3) 英語力をつけるために、生徒に文法の練習問題をできるだけたくさんやらせるべきである。
>   □思わない　□どちらかと言うと思わない　□どちらかと言うと思う　□思う
>
> (4) 英語の授業は楽しくあるべきである。
>   □思わない　□どちらかと言うと思わない　□どちらかと言うと思う　□思う
>
> (5) 英語を指導するうえで生徒に予習をさせることは基本である。
>   □思わない　□どちらかと言うと思わない　□どちらかと言うと思う　□思う
>
> (6) 付属のCDや教科書に記載されている練習問題は活用すべきである。
>   □思わない　□どちらかと言うと思わない　□どちらかと言うと思う　□思う

教師は、教える年数が長くなればなるほど授業運営も上手になり、とっさのことにも臨機応変に対応できるようになって、ベテランの貫録が出てきます。また、英語教育や教授法関係の本を読んだりワークショップに参加したりして、専門知識をつけようと努力を惜しまない英語の先生方もたくさんいらっしゃいます。ところが、第二言語習得（SLA）や外国語学習に関する研究や理論はあまり注目されていないようです。これらを学んだからといって、明日の授業にすぐ使える具体的なアクティビティに直結するわけではないことが、研究や理論が敬遠される理由だと考えられます。また、日本の英語教員養成課程において、SLAという学問が未だ希薄な存在であることも原因でしょう。

　しかし、母語習得や第二言語習得のメカニズムを知っていることは、効果的な指導法を考えるうえでの基盤になります。たとえば、ゲームや歌を使って授業を始めることはないでしょうか。「どうしてその活動をするのですか」と尋ねると、必ずといっていいほど「楽しい授業をするため」という回答が返ってきます。これは「英語の授業はつまらないから楽しくしなければ」という先生の思いが表れています。しかし、「ゲームや歌を取り入れると、生徒が楽しそうだから」という理由は、あくまで先生の主観的な観察結果にすぎません。ゲームや歌が外国語習得にどのような効果をもたらすかを考えずに導入しても、「楽しい」だけで終わってしまうかもしれません。そこで、第1部では第二言語習得研究の理論が実際の授業運営とどのように結びつき、役に立つのかを考えていきます。まず、第1章では「第二言語習得モデル」のひとつと、第二言語習得研究で大きな影響力を持つ代表的な4つの研究仮説を紹介します。第2章ではそれらをもとに、日本の英語教育に大いに関係すると考えられる3つの「指導原理」を提示し、具体的な指導場面での応用を考えていきます。第3章では導入する「根拠」及び期待できる「効果」の観点から、授業で最も一般的に行われる一連の活動を見直します。

第 1 章

教育現場に関わる SLA 理論

　英語を習得するには、「できるだけ英語に触れたほうがよい」という見解に、ほとんどの先生が賛同されるでしょう。では、「なぜそうなのか」と聞かれたらどのように回答されますか。「英語に慣れるため」と回答されるかもしれません。それでは、英語に慣れることでどのような英語力が身につくのでしょうか。このように日々の授業運営をあらためてつきつめていくと、いかに日ごろあまり深く考えずに文法説明や一連の練習問題を行ったりして何気なく授業を進めているかに気づかされることがあります。こうした当たり前のことを考え直すには、第二言語を身につけていくプロセスやそのメカニズムについて知ることが有益です。その意味で、SLA は英語教育の現場とは切り離せない存在なのです。この章では、SLA の分野で提唱されている第二言語習得のプロセスと 4 つの仮説について解説します。

1．理論と実践の結びつき：教育現場に理論や研究成果は直結するのか
　SLA の分野において、1980年代から数々の重要な仮説が提案されてきました。SLA 研究の主たる目的は、第二言語習得のメカニズム（学習者の頭の中で何が起こっているのか）を明らかにすることです。その研究の多くは自然な習得環境にある学習者[1]を対象としており、外国語

  1　教室で指導を受けることなく生活の中で触れることで第二言語を身につけていく学習者を指します。たとえば、労働を目的としてアメリカへ移住した人々の中には、英語学習のために学校へ行くことはせず日常生活を通して英語を身につけ

教育におけるより効果的な指導法を直接教えてくれるものではありません。このような理由からか、今もって日本も含め教育現場ではSLA理論やその研究成果はあまり浸透していないようです。しかし、最近では、自然な習得環境における第二言語習得とは異なる、**指導を受けた第二言語習得**（instructed SLA）も注目されるようになりました。日本の英語教師が、そうしたSLA研究の成果から得られる知見は大いにあります。SLA研究は遠い世界のことで、私たち英語教師に全く関係のない話というわけではなく、実証的（客観的）根拠に基づきSLAのメカニズムを検証した研究結果は、効果的な指導を考えるヒントを与えてくれます。ただし、それぞれのSLA研究はその目的、条件、実験参加者、そして学習環境などが異なるため、研究結果を絶対的なものとし、よく吟味せず機械的に自分の教育現場にあてはめてしまうのは危険です[2]。どのような条件でどのような学習者を対象にどのような実験をしたのかを把握し、自分が担当する生徒や学習環境との違いを十分に理解したうえで、研究成果をもとに自分自身の授業で足りない、あるいは工夫できるところを考えていく必要があります。しかし、SLA理論や研究が英語教育に有益であるとわかっても、理論がいくつもあって抽象的だったりすると、どの理論が現場の指導とどのように結びつくのかを判断することは容易ではないかもしれません。そこで、以下に英語教育に最も関連すると思われる、SLAの分野で提唱されている第二言語習得のプロセスについて解説します。

2．第二言語習得のプロセス：学習者の頭の中で何が起こっているか

　SLA研究において、学習者がインプットに触れることで学習言語を習得していく過程に焦点をあてた第二言語習得モデルがあります。このモデルでは、外国語も含めて第二言語は以下のような認知プロセスを経て習得されていくと考えられています[3]。

　ていく人がいます。
2　白畑・若林・村野井（2010）

```
┌─────────┐
│ インプット │
└────┬────┘
     ▼
┌──────┬──────────────────────────────────────────┐
│ 気づき │ ・生徒は目で見たりや耳で聞いたりする言語インプットの中に、特定の言 │
│      │   語形式に気づいて注意を向ける。                      │
└──────┴──────────────────────────────────────────┘
     ▼
┌──────┬──────────────────────────────────────────┐
│      │ ・生徒はインプットの中で気づいた言語形式とその意味のつながりを把握 │
│      │   し、どのような機能を果たすのかを理解する。              │
│ 理解  │ ・ただし、形式・意味・機能のマッピングはすぐにできるわけではなく、 │
│      │   何度も同じ言語形式が繰り返しインプットに出てくると、その形式の規 │
│      │   則性を見つけ、そこから形式が持つ意味と機能のつながりを自分なりに │
│      │   予測し仮説をたてる。                          │
└──────┴──────────────────────────────────────────┘
     ▼
┌──────┬──────────────────────────────────────────┐
│      │ ・意味と機能を「理解」できたと思った（つまり仮説を立てた）言語形式 │
│ 内在化 │   を実際使ってみて、相手の反応に応じて仮説を修正したり、正しいと確 │
│      │   信したりする。これを繰り返すことで、新たに理解した形式と意味・機 │
│      │   能が中間言語の中に取り入れられる。                   │
└──────┴──────────────────────────────────────────┘
     ▼
┌──────┬──────────────────────────────────────────┐
│ 統合  │ ・内在化された形式が実際のコミュニケーションで自動的に使えるように │
│      │   なり、中間言語の知識として組みこまれていく。            │
└──────┴──────────────────────────────────────────┘
     ▼
┌──────────┐
│ アウトプット │
└──────────┘
```

図1.1 第二言語習得のプロセス

　外国語学習を促進するためには、まず**気づき**が必要です。生徒は英語で読んだり聞いたりしているとき、そのインプットの中にそれまで知らなかった表現や文型に気づいて、それらに注意を向けることがあります。これが、新しい表現や文法規則を学習する出発点となります。この時点では形式があらわす意味や、形式が果たす機能を正しく理解できないかもしれません。おそらく生徒はそのときに持っている中間言語の知識を使って、インプットの文脈から意味と機能を判断し、自分なりに形式・意味・機能のつながりを予測する（仮説を立てる）と考えられま

3　Gass (1988), Gass & Selinker (2001)

す。たとえば Could you please put it down on the table? と聞いたとき、「クッジュウ」という音に気づくかもしれません。それに続くplease を知っていれば、「クッジュウは何かをお願いするときに出てくるものかもしれない」と推測できます。その後、別のインプットにも繰り返し could you と please が一緒に出てくると、「could you please は依頼をするときに使う」という仮説が立てられます。そして、さらにインプットで自分の仮説を検証して、形式がもつ意味・機能の解釈が正しいことを確信していきながら、今度はその仮説を試してみます。つまり、実際に Could you please を使ってアウトプットしてみるのです。そのとき、相手がわかってくれれば「Could you please の形式は、依頼の機能を持つ」という自分の仮説が正しいとわかり、この形式が中間言語に**内在化**されます。一方、相手に伝わらない場合、自分の仮説が間違っていることに気づき、仮説を修正して正しい意味、機能の理解へとたどりつきます。さらにアウトプットを繰り返すことで、この形式が自動的に、かつ瞬時に使えるようになり、中間言語に**統合**されていきます。この一連のプロセスを繰り返すことで中間言語がより目標言語に近づいていくと考えられています。

3．第二言語習得に関わる 4 つの仮説：習得過程を理論的に説明できるのか

　ここでは、インプット、アウトプット、インタラクション、そして気づきをめぐる 4 つの仮説を紹介します。なぜ「**理論**」ではなく、「**仮説**」と呼ぶのか不思議に思われるかもしれません。仮説とは、客観的証拠に基づく主張だと考えてください。そして一般的には比較的狭い範囲のことを説明するものです。一方、理論は、異なる仮説がひとつに体系化され、広範囲のことを説明するものです。たとえば、第二言語習得研究におけるさまざまな仮説が集まったものを総称して第二言語習得理論と呼ぶことができます。そして、仮説と理論が、自身の経験に基づいた「思いこみ」と異なる点は、いずれも根拠（客観的証拠）に基づいているこ

とです。同時に、仮説と理論が後続する研究によって否定されることも十分ありうる反証可能性を持つ点は、SLA 研究が科学とみなされる所以です[4]。

3.1 インプット仮説：なぜ英語にたくさん触れたほうがいいのか

クラッシェン[5]は、第二言語習得にはインプットの役割が重要だとして、**インプット仮説**（Input Hypothesis）を提唱しました[6]。

インプット仮説の特徴
① 学習者の現在の外国語習得レベル（i）より少し上（+1）のレベル、すなわち理解可能な（i+1）レベルのインプットを大量に与えることで習得が促進される。
② 学習者はインプットから文法などの言語知識を習得する。つまり、意識することなくそれらを身につけることができる。こうして身につけた知識は学習した知識とは異なる。

インプット仮説は、子どもの母語習得過程において**沈黙期**（silent period）[7]があることから、第二言語習得でも同様の過程を経ることを前提にしています。つまり、無理に発話させることはしなくても、子どもの母語習得のように発話は自然に現れると考えられています。した

---

[4] 科学とは、反証可能性（falsifiability）があるということです。たとえば「私がいいと思うからこの方法は正しい」という主張における「私がいいと思う」という主観的な理由は、証明する手立てがないことから反証の余地もありません。したがって、この主張は非科学的です。
[5] Krashen（1982, 1984, 1985）
[6] この仮説はクラッシェンが提唱したモニターモデルの仮説のひとつです。
[7] 子どもは生後1歳前後から一語で話し始めます。しかし、それまではことばを発しなくても、周囲の大人たちの発話を理解しているとされています。

がって、この仮説は、インプットを大量に与えるだけで第二言語習得が促進されると主張しており、学習者には目標言語によるアウトプットは強要しません。そして、特徴②にあるように、クラッシェンは教室で文法指導などによって意識的に学習した知識は、どんなに練習やアウトプットを繰り返しても、習得した知識になることはないと主張しています[8]。クラッシェンによれば、そもそも習得と学習は異なるので、したがってそれぞれの過程を経て身についた知識も異なることになります。

では、特徴①をもう少し詳しく見てみましょう。「大量に」という部分に注意が向いてしまいがちですが[9]、「理解可能な」という文言が特に重要です。**理解可能なインプット**（comprehensible input）とは、生徒がその時点で持っている英語力と、文脈やトピックについて自分が知っていること（背景知識）を使って、その内容が理解できるレベルの英語のことです。現在の日本の英語教育において、大量の理解可能なインプットを取り入れるひとつの方法として、教科書とは別に多読や速読などの方法があります。個々の生徒が自分のレベルに応じた英文をできるだけたくさん読むことで、理解可能なインプットを確保させる取り組みです。実際に、授業以外の時間（0限目、昼休み、放課後など）や家庭学習なども利用して多読や速読を行う試みも多くなされています[10]。また、生徒の理解を助けるために英語教師が題材内容を口頭で導入するオーラル・イントロダクションなども、理解可能なインプットを増やすひとつの方法です。

---

8 【本書を読む前に】（2）学習と習得を参照してください。
9 昨今、巷の英語学習広告などで「英語のシャワー」ということばがキャッチフレーズとしてよく使われますが、大量の英語を聞くことがシャワーを浴びるイメージにむすびついたのでしょう。
10 酒井・神田（2005）

それでは次に、インプット仮説に基づく授業運営を日本の英語教育の現状から考えてみましょう。まず、学校で大量のインプットに触れているだけ(つまり文法指導や練習は一切しない)で、文法や表現を網羅的にかつ体系的に習得するのは極めて難しいことです。日本における累積英語授業時数の試算は、伊東らの調査によると875時間(中学校から高校まで)、杉浦によると1120時間(中学校から大学教養課程2年間まで)となっています[11]。学習指導要領で新たに英語の授業時間数が増えたことを考慮に入れ、さらに仮に小学校から英語の授業時間すべてを「英語で」行ったとしても、たとえば、インプット仮説に基づく外国語教育として有名なカナダにおけるフランス語のイマージョン・プログラム[12]の最低履修時間5000時間にはとても届きません。

　また現実問題として、現在の高校受験や大学受験を前提とした教育現場では、入試で問われる多くの英語に関する知識(語彙や表現、文法など)を短期間に身につけなければなりません。そこで「現在の英語力＋1」程度ではなく、少しでも高いレベルの教科書を選択しようとする学校も多くあります。その場合、教材(教科書)が生徒のレベルよりかなり高いものになり、インプットから語彙や文法を生徒が「無意識」に学ぶことは期待できず、結果、文法項目を明示的に指導する必要が出てきます。このように日本の英語教育の現状では理解可能なインプットを大量に与えるだけで英語を身につけることは非現実的です。大切なことは現実を認識したうえで外国語学習をより促進するための指導や教授法を行っていくと同時に、できるかぎり大量のインプットを与える意識と工夫です。

　このセクションで紹介したインプット仮説は一見、理にかなっているのですが、以下の批判もあります。

---

[11] 伊東ほか (2007), 杉浦 (2000)
[12] 体育、音楽、美術、社会などの授業の一部またはすべてを外国語で行うプログラムです。

批判1：i＋1のiや＋1を決定する基準あるいは目安がない。
批判2：「インプットの理解」と「習得」の関係が明確でない[13]。
批判3：英語イマージョン・プログラムで学習者たちがインプットを大量に与えられても、流暢性は増すが、正確さに問題がある[14]。
批判4：意識的に学習した言語知識の中には繰り返し練習することで自動化され、意識せずに運用できるようになるものもある。その場合、学習者が意識せず身につけた知識と異なるとはいえない[15]。

このような批判を考慮すると、教室では明示的な指導[16]や練習の効果は無視できません。つまり、理解可能なインプットだけでは第二言語習得を促進することはできないということです。次にその足りないところを補ってくれる仮説を見ていきましょう。

3.2 アウトプット仮説：学習言語に触れているだけでは、なぜ上手にならないのか

インプットを与える一方でアウトプットを待っているだけでは教室における外国語学習は進まないことから、スウェイン（Merrill Swain）はアウトプットを強制する必要性を主張し**アウトプット仮説**（Output Hypothesis）を提唱しました[17]。

この仮説は主に以下の点を主張しています。

---

[13] Sharwood Smith (1986), Doughty (1991) など
[14] Swain (1985), Sato (1990) など
[15] Long (1996), Lyster, Lightbown, & Spada (1999), Russell & Spada (2006)
[16] Norris & Ortega (2000)
[17] Swain (1985, 1995, 2000)

> **アウトプット仮説の特徴**
>
> ① アウトプットの際、学習者は意味だけでなく正確な語順や文法などを使う必要が生じるために、言語の形式について意識的に考えるようになる。
> ② アウトプットすることによって、学習者は対話者からの反応（フィードバック）を受け、中間言語と目標言語との差（gap）や、中間言語でうまくできない穴（hole）に気づき、発話を修正することができる。
> ③ 言語知識の自動化が促進される。

　先に見たインプット仮説では、学習者にアウトプットを強要する必要はなく、正しい発話は自然に現れてくることを前提としていました。しかし、幼稚園から6年生までイマージョン教育を受けた学習者を調査したところ、目標言語による談話能力、理解力、内容理解においては問題がありませんでしたが、文法能力や社会言語能力[18]などでは正確さが欠けるということがわかってきました。この原因として、聴解や読解ではすべての語順や文法などが正確にわからなくても、意味を理解することができるからだと考えられています。たとえば、リスニングで I walked around the campus yesterday. が聞こえたとき、walk と yesterday が聞き取れれば、過去形を示す -ed が聞こえなくても yesterday があるので「過去」と理解できます。しかし、アウトプットとなると、自分が過去を表現するために動詞の過去形 -ed を意識しなければなりません。つまり、アウトプットでは学習者自身が文を作りだす必要があり、インプットを理解する時よりも正確な文法知識とその運用が要求されるのです（特徴①）。

　学習者は、アウトプットの場面で伝えたいことを表現しようと、必要な文型や文法を使って文を組み立てます。そして、学習者が使用した言

---

[18]【本書を読む前に】（4）コミュニケーション能力を参照してください。

語表現に対して相手は何らかの反応をします。組み立てた文が正しければ、相手に理解してもらえますが、意味伝達がうまくいかないと（つまり相手に理解してもらえないと）、学習者は自分の英語力と目標言語との差や、その時点での中間言語でできない穴があることに気づきます（特徴②）。そして、相手に理解してもらうためにもう一度アウトプットを試みます。このアウトプットを繰り返すことで第二言語習得が促進されると考えられています。アウトプットのもうひとつの利点は、繰り返しアウトプットすることによって、言語知識を自動化できることです（特徴③）。

このようにアウトプットとは、生徒が実際の言語使用を通して、自分の中間言語と学習言語の差や穴に気づく機会として捉えられるべきです。しかし、教室では教師が説明した文法や定型表現の練習をアウトプットとみなし、それらの活動に終始しているのが現状のようです。こうした言語活動は決められた文を一方的に発するだけのことが多く、本来アウトプットが担う役割、つまり意味伝達のための言語使用ではありません。そもそもアウトプットの必要性はインタラクションの中に生じてきます。そこで、次にインタラクションの重要性を主張する仮説を紹介します。

3.3 インタラクション仮説：英語でやりとりすると、なぜ上達するのか

ふだんの言語使用では二人以上による相互のやりとり（インタラクション）が頻繁に行われます。ロング（Michael Long）は、第二言語習得が促進されるためにはインタラクションが必要だとし、**インタラクション仮説**（Interaction Hypothesis）を提案しました[19]。インタラクションの有効性を主張する仮説の特徴を以下にあげます。

19　Long (1983, 1996)

インタラクション仮説の特徴

① 理解できないインプットでも、聞き返しなどの意味交渉（negotiation of meaning）を通してそのインプットが理解できるようになる。
② インタラクションの中でアウトプットに対するフィードバックを受けることで、自分が使った語彙や文法が正しいかどうかを確かめることができる[20]。
③ インタラクションの中で意味交渉をすることが、場面や文脈に適した形式・意味・機能の3つを合わせて使うことになる[21]。

このインタラクション仮説では、最初は理解できないインプットが相互のやりとりを通じて理解可能なインプットになると考えられています（特徴①）。意志疎通のためには、まず相手の発話、つまりインプットを理解する必要があります。インプットを適切に理解するために私たちは対話においてしばしば次のことを行います。

a. **明確化要求**（clarification request）
　例：What do you mean? / Pardon me? / Sorry?
b. **確認チェック**（confirmation check）
　例：Do you mean 〜? / ...... and ......, OK?
c. **理解チェック**（comprehension check）
　例：Do you know what I mean? / Do you understand?

SLAでは、相互のやりとりを通してお互いの発話を理解していくこ

---

[20] 仮説検証のことです。
[21] これを形式・意味・機能のマッピング（form-meaning-function mapping）または複合処理（joint processing）と呼びます（Larsen-Freeman 2003, Doughty & Williams 1998）。

とを**意味交渉**（negotiation of meaning）といいます。

　学習者が相手の発話（インプット）を理解できなければ、このような明確化要求や確認チェックなどを行うことで、相手からのインプットをより理解可能なものにしていきます。教室内でも、教師が学習者とのインタラクションにおいて意味交渉をすることで、学習者の意識を特定の言語形式に向けさせることができます[22]。また、インタラクションによって、必然的にアウトプットが増えることになり、相手からより多くフィードバックを受けることができます（特徴②）。それによって、学習者は自分自身が使っている外国語が正しいか正しくないかを確認、つまり**「仮説検証」**（hypothesis testing）をすることができます[23]。そして何より、相手とのやりとりを通して行う意味交渉は、自然な使用場面で必然的に形式、意味、機能を同時に考えて使うことになります（特徴③）。インタラクションが外国語の習得に効果があることは、多くの実証研究によって支持されています[24]。特に、インタラクションを通して学んだ文法や語彙は、時間が経過してから（1カ月後など）の定着率も高いと報告されています[25]。

　このような学習効果を高めるインタラクションを現在の日本の教室に導入するためには、教師と生徒の対話、そして生徒同士のペアまたはグループ・ワークが考えられます。その中で、生徒の誤りに応じた効果的なフィードバックを与えようとするなら、英語教師やネイティブが対話の相手になるのが最も理想的でしょう。しかし、インタラクション研究の中には、学習者同士が How do you spell ～? や Is it a noun or a

---

[22] 意味交渉はフィードバックとしても利用されます。たとえば、学習者の誤った発話を、教師が正しい文で言い直すリキャストはそのひとつです。

[23] その時点で持っている中間言語の知識を使って、学習者がインプットの中に出てきた新しい形式の意味や機能を予測し、アウトプットすることでその予測が正しいかを確かめることを「仮説検証」といいます。

[24] Pica, Young, & Doughty (1987), Yano, Long, & Ross (1994), van den Branden (1997), Mackey (1999)

[25] Mackey (1999), Keck et al. (2006), Norris & Ortega (2000), Mackey & Goo (2007)

verb? といった表現を使って意味交渉を行うことが、効率よく文法の正確さを高めていると報告しているものもあります[26]。

3.4　気づき仮説：インプットをやり過ごしても SLA は進むのか

　これまで、理解可能なインプット、アウトプット、意味交渉によるインタラクションが第二言語習得には重要な役割を果たしているということを見てきました。ここで紹介するシュミット（Richard Schmidt）の**気づき仮説**（Noticing Hypothesis）[27] は、あらためて英語教師に重要な視点を与えてくれます。彼は、ハワイに住み第二言語として英語を使用していたウェス（仮名）という人物を観察し、その英語を記録しました。ウェスの英語を習得する環境は、本章でこれまで見てきた理解可能なインプット、アウトプット、意味交渉によるインタラクションといった条件を満たしていましたが、彼の英語の文法面には多くの誤りが見られました[28]。そこからシュミットは、文法習得は形式に注意を向けないと成功しないと考え、気づき仮説を提唱しました。以下にその主な特徴をあげます。

気づき仮説の特徴
① 気づくことが第二言語習得を促進する。 ② 耳や目を通して入ってくる語彙や形式、あるいは音などのインプットの中で学習者が意識を向け、気づいたものだけがインテイクとして取り入れられる。

　気づき仮説は、ただインプットに触れるだけでは不十分であるとし、第二言語習得が促進されるためには、インプットに現れる何かに学習者が注意を向ける必要があると主張しています。言語のさまざまなレベル

---

[26]　Swain & Lapkin (1995, 2000)
[27]　Schmidt (1993, 1995)
[28]　一方で、口頭談話能力面（語り、説明・描写、ジョーク）は上達していました。

（音声、語彙、文法、語用）で気づきが起こることで、学習者はそれを理解し内在化することができます。したがって、新出の語彙や文法項目に学習者の意識を向けさせるような指導が有効でしょう。

　すでに見てきたアウトプット仮説とインタラクション仮説も、学習者が自身の発話と学習言語の正しい形式との差や自分が表現できない穴に気づく必要性を主張しています。したがって、英語教師はただやみくもにインプット、アウトプット、インタラクションを取り入ればいいというわけではありません。これらがいずれも生徒に気づきの機会を与えるように、教室では、意味を中心とした活動の中で、同時に生徒たちの意識を形式に向ける工夫が必要になります。たとえば、特定の文法項目を文章の中で繰り返し使ったり、太字にしたりして、生徒がその形式に気づくようにすることもできます。

　以上、この章では、認知的アプローチから見た第二言語習得プロセスと、その促進に関わる4つの仮説を解説しました。これらSLAに関わる知識をもとに授業運営や言語活動を見直してみると、あらためて授業で行っている諸々の説明や練習が、これまでとは異なる意味を持つのではないでしょうか。

【この章のポイント】

SLA理論から日本の英語教育に応用できるポイント
- 第二言語習得が下のプロセスを経ることを知る必要がある。
　　インプット→気づき→理解→内在化→統合→アウトプット
- 教室指導には4つの仮説から導き出せる以下の条件が必要である。
　　・理解可能なインプットを大量に与える
　　・意味伝達をねらいとしたアウトプットをさせる
　　・意味交渉を行うように仕向ける
　　・学習者自身の気づきを起こすようにインプットを工夫する

第2章

SLA理論で教室指導を考えてみる

　SLA研究は、学習者があってこその研究です。彼らがどのようなプロセスを経て英語力を向上させていくかが研究され、そのメカニズムが明らかにされていけば、その成果は英語教育に応用でき、さらに効果のある指導が期待できます。つまり、決してSLA研究と教育実践は別次元に存在しているわけではありません。そこで、この章では、第1章で紹介した第二言語習得プロセスとSLAの仮説が教室での指導に与えてくれる示唆を「指導原理」として提案します。

1. 第二言語習得理論から見る授業運営：個々の言語活動にどのような理論的意義があるのか

　第1章でも解説したとおり、認知的アプローチでは第二言語習得は以下のようなプロセスを経ると考えられています。

インプット → 気づき → 理解 → 内在化 → 統合 → アウトプット

図2.1　認知的アプローチによる第二言語習得のプロセス

　それでは、具体的に授業で行われている活動をいくつか取りあげて、プロセスにそって見ていきましょう。まず、生徒にCDを聞かせながら英文を目で追わせる活動は、耳と目でインプットに触れる段階と位置づけることができます。しかし、ただ何となく英文を聞いて目で追っているだけでは、「インプット」から「気づき」そして「理解」へとは進み

ません。また、学習した英文法の例文の口頭練習や、意味を伴わない**機械的パターン・プラクティス**（mechanical pattern practice）は口慣らしにはなるかもしれませんが、言語知識の内在化や統合にはつながりません。一生懸命行っている指導が空回りしてあまり効果がないと感じられる場合、教室活動が第二言語習得プロセスに何の働きかけもしていない可能性があります。そこで、以下にあげる指導原理1を意識しながら授業の流れを考えます。

> **指導原理1：第二言語習得プロセスから、授業内のそれぞれの活動の位置づけを知る。**

まずインプットの段階では、クラッシェンのインプット仮説に基づき大量の理解可能なインプットが必要です。すでに持っている言語知識や背景的知識を使って内容を推測できる文脈を伴ったインプットを学習者に大量に与えると、インプットの中に特定の語彙、表現、文型などに気づき、文脈からその意味を理解していくと考えられています。インプットを与えるにあたり、第二言語習得研究では以下のポイントが重要であるといわれています[1]。

（1）a. 学習者が、目標言語と、これまでの言語体験や言語知識との比較ができること
　　　b. 学習目標とする語彙や文法項目を目立たせることで、特定の言語形式に注意が向くように仕向けること
　　　c. インプットの量をできるかぎり増やすこと

授業時間が限られており、かつ生徒数の多い日本の英語教育現場で生徒の自発的な気づきを起こすほど十分なインプットを確保するのは難しいかもしれません。したがって、いかに効率よく「気づき」を起こし、

---

[1] Gass (1988), Gass & Selinker (2001), 村野井 (2006)

「理解」、「内在化」へつなげていくかが重要になります。そこで、CDを聞いたり、音読あるいは黙読をしたりするとき、「気づき」を誘発する活動を与えることでSLAのプロセスに働きかけることになります。

　そこで、インプットに注意を向けさせるために、たとえばCDを聞かせるとき、一回目は「教科書を見ないで、聞き取れた単語を5つ、あるいはわかったことを3つノートに書きなさい」という指示を与えます。あるいは、年号や統計（パーセントなど）がいくつも出てくる文章であれば「何に関する数字か聞き取りなさい」でもよいかもしれません。

　また、インプットに出てきた新出単語や文法項目は必ずしもすぐに正しく理解できるとは限りません。ですから、導入が終わった後、同じ語彙や文法項目が出てくるインプットをさらにくり返し与えることで、生徒は形式と意味・機能の理解を確認したり、自分の予測が正しいことを確信したりしていきます。聴解や読解練習を使って、特定の文法項目に注意を向け形式・意味・機能の結びつきを理解、強化させるのも一案です。たとえば、特定の形式を耳あるいは目で認識し、その意味や機能を理解しないと解答できない設問などを考えます。

　次に「内在化」の段階を考えてみましょう。この段階で生徒は実際にアウトプットをして、新たな語彙や文法項目を自らの中間言語に取りこんでいきます。したがって、意味伝達を伴った形式練習を行うことで、形式とその意味・機能のつながりを理解し、練習することが必要でしょう。機械的なパターン・プラクティスは決して無駄ではありませんが、これだけに終始しては、内在化には至りません[2]。内在化された言語知識は繰り返し言語使用を行うことで、最終的に「統合」され、中間言語の一部になります。この段階で生徒は新たに中間言語となった文法項目を自動的に使えるようになっているのですが、ここまでに至るには時間を要します。したがって、「導入、練習したから身についた」と考えるのではなく、既習項目を繰り返し使用する練習や活動を行う必要があり

---

[2] VanPatten (1996, 2003)

ます。具体的な文法練習やアクティビティについては、第2部第5章を参考にしてください。

2．教室におけるアウトプットの意味：英語の授業でなぜ生徒は英語を使う必要があるのか

インタラクション仮説とアウトプット仮説によれば、学習者はアウトプットすることで対話者からフィードバックを受け、それによって自分の仮説を検証することができます[3]。言語使用を通して学習者は、自分の中間言語と学習言語との差や自分の中間言語でできない穴に気づくことになり、その意味で仮説の検証は第二言語習得にとって重要な役割を果たすと考えられています。この点をふまえて、以下に指導原理2をあげます。

> 指導原理2：自分の中間言語と外国語との差と、外国語で表現できない穴に気づくように、仮説検証の機会を与える。

教室で仮説検証の機会を与える方法のひとつとして、いつも教師が新出の文法項目を説明してから練習やタスクを行う授業の流れを変えてみることです。たとえば、過去進行形の導入として、以下のようにまず教師が自分のことを例にあげて文法項目を導入してみてはどうでしょうか。

> Today is Monday and it is 9:10 now. Yesterday was Sunday, and I was at home with my family. I *was reading* a newspaper at this time yesterday. My father *was watching* TV and my mother *was writing* e-mail messages on the computer. My little sister *was talking* with her friend on the phone. Now, everyone, what *were you doing* at this time yesterday?

3　仮説検証については p. 35の注23を参照してください。

上述の導入では自分のことに続いて、生徒に昨日のこの時間に何をしていたかを尋ねています。その際、be 動詞の過去形＋*verb-ing* をはっきりとゆっくり発音することで新出の文法項目に生徒の注意を向けさせます。また、生徒が新出文法項目の形式と意味に関して仮説が立てられるように、曜日と時間で状況説明がされています。生徒が質問に答えるときには be 動詞の時制に注意を向けた I was playing basketball. のような回答を求めます。生徒が回答で言いよどんだり言い間違えたりしたときは、確認チェック（Do you mean you were playing basketball?）などのフィードバックを与えるとよいでしょう。また、通常は文法説明と練習の後に行うコミュニケーション活動で授業を始めるのも一案です。最初に行うことで、生徒は中間言語で与えられたコミュニケーション活動の課題を何とかやり遂げようとします。その後で課題を達成するために、必要な表現や文法形式を導入します。従来の授業では、文法項目を導入、理解、練習の最終段階であるコミュニケーション活動としてアウトプットが位置づけられてきました。それに加え、第二言語習得プロセスの観点から、生徒が自分の英語力で何がうまくできないか、足りない文法は何かに意識を向ける機会としてアウトプットを捉えることで、これまでとは異なるアウトプットのタイミングとコミュニケーション活動が考えられるのではないでしょうか。

3．文法指導の意義：「文法を教える」は何を意味するのか

> 指導原理 3：言語形式・意味・機能のマッピング（form-meaning-function mapping）の機会を与える。

　従来の授業では、新しい文法（形式）とその意味を同時に提示し、正しい形式で文が作れるか否かに焦点があてられてきました。しかし、形式と意味のつながりだけでは、必ずしも言語運用の際に適切な使用ができるわけではありません。言語運用には文法を正しい形で使えるだけでなく、場面に応じた適切な表現を選ぶことも必要です。したがって同じ

形式が異なる場面で用いられると必ずしも同じ意味合いを持つわけではないことを生徒に認識させることも文法指導の一環です。

では、場面に応じた適切な表現とは具体的にどのようなことなのでしょうか。形式と直結する「意味」は使用場面を考慮しない文字通りの意味を指しますが、同じ表現でもコミュニケーションの中で使われると意味役割、つまり「機能」が異なってきます。たとえば、Can you play the piano? は、文字通りピアノを弾く能力に関しての質問と解釈できます。しかし、もしこれがパーティーでピアノの演奏者が必要になった時にCan you play the piano?と言われれば、「ピアノを弾いてもらえる？」という（インフォーマルな）依頼表現になります。

さらに、依頼をするときはpleaseをつけましょう（たとえば"Please call me tomorrow."）と指導しますが、それだけでは不十分な場合があります。状況や相手に応じて Can you call me tomorrow? Could you please call me tomorrow? Would you mind if I ask you to call me tomorrow? のように使い分けをすることも段階的に指導する必要があります。こうした意味で、文法項目を文脈の中で提示し、生徒が形式・意味・機能を結びつけて理解できる機会を与えることを心がけます。

形式・意味・機能のつながりをもう少し具体的に見てみましょう。ダウティー（Catherine J. Doughty）とウィリアムズ（Jessica Williams）は、(2A)から(2E)の例文をあげ、形式・意味・機能の役割を説明しています[4]。

(2) A. The bill was paid by the company.
B. The wallet was stolen.
C. The data were collected and analyzed.
D. Spare toilet paper is stored here.
E. A mistake was made.

---

[4] Doughty & Williams (1998, pp. 244-245) 言語形式、意味、機能に関わる説明の原文は英語、筆者和訳。

言語形式（form）
　　［名詞（句）－主題］［助動詞＋他動詞の過去分詞（by＋名詞（句）－行為者）］[5]
意味（meaning）
　　出来事（動詞で表現される行為）、実在する物（名詞の語彙的意味）、意味的関係（主題と行為者）
機能（function）
　　主題がトピックのとき　　：（2A）と（2B）
　　行為者がわからないとき：（2D）
　　行為者が重要でないとき：（2C）
　　行為者を隠したいとき　　：（2E）

　形式だけ見れば、（2A）から（2E）はいずれも受動態の文として扱われますが、意味に注目するとそれぞれの文が異なる意味を持ちます。そして、さらに機能を考慮すると、4つの使い方に分けられます。実際の言語運用において、これら3つの要素を順番に考えながらインプットを理解したりアウトプットしたりする時間的余裕はありません。いずれの場合も、形式・意味・機能をほぼ同時にマッピングすることが必要になってきます。したがって、インプットにおける新出の文法項目の理解、中間言語への内在化、統合、そしてアウトプットにおいて形式・意味・機能の結びつきが強化されることを留意して、これら3つを同時に扱う練習やタスクを考えていきます。
　それでは、インプット仮説、アウトプット仮説、インタラクション仮説が形式・意味・機能のマッピングとどのように関わるかを考えてみましょう。まずインプット仮説が提唱している理解可能なインプットとは、既習の文型や文法規則、それらの形式についてすでに身につけている意味、さらにそれらが使われている文脈をすべて考慮してインプット

---

[5] 言いかえれば、S＋be＋過去分詞形（by ～）。

の内容あるいは新しい形式が理解できるインプットと捉えることができます。このような理解可能なインプットを大量に与えることで、学習者は新出の形式・意味・機能を同時に結びつけて、自分の仮説を立てると考えられます。

　また、アウトプットをするとき、頭の中に浮かんだ「伝えたいこと」を文にするため必要な個々の語彙や表現を取りだし、それらを規則に従って適切な文を作らなければなりません。これは、インプットの場合「聞こえたふり」ができますが、アウトプットでは「話したふり」はできないことからも、適切なアウトプットにはより正確な形式・意味・機能のマッピングが必要になります。

　さらに、インタラクション仮説では、意味交渉によって理解不可能なインプットが理解可能になっていき、その過程で形式と意味のつながりだけでなく文脈に応じた機能も明らかになっていきます。さらに、インタラクションでは相手への返答にあまり間を空けてしまうと、コミュニケーションが中断しかねません。したがってできるだけ早く形式・意味・機能をマッピングさせる必要があります。この意味でインタラクションを必要とする言語活動を積極的に取り入れるべきだといえます。ここまでの議論から、文法指導を通して形式と意味のつながりを理解させるだけでは不十分で、同じ形式が異なる場面で異なる機能を果たすと認識させることも「文法を教える」ポイントのひとつです。

【この章のポイント】

指導原理1：第二言語習得プロセスから、授業内のそれぞれの活動の位置づけを知る。

指導原理2：自分の中間言語と外国語との差と、外国語で表現できない穴に気づくように、仮説検証の機会を与える。

指導原理3：言語形式・意味・機能のマッピング（form-meaning-function mapping）の機会を与える。

●第2章『ちょっとひといき』●

「教室」という学習環境の特徴をつかむ

　教室という環境で外国語として英語を学習している日本では、授業時間が限られているため効率よく授業を進めなければなりません。しかし、どんなによい教授法や練習方法を取り入れても、「教室」という学習環境を把握しなければ、期待したほどの効果はありません。そこで、新しいアプローチを実践したり言語活動を考えたりする際にはまず「教室」に見られる次の特徴を認識し、留意する必要があります。

a. 時間的制約：学校での英語の授業時間数は限られている。
b. 英語使用の必要性：学校の外で英語を使用する必要性や機会はほぼ皆無である。
c. 教科書：検定教科書を使うことになっている。
d. レベルや目的の違い：学校またはクラスによって、英語の授業の目的や生徒のレベルが異なる。
e. クラスサイズ：人数が多く、40名の一斉授業も珍しくない。
f. 学習者の個人差：クラス人数が多いため、やる気の程度、学習スタイル、上達する程度や速さなどに個人差がある。
g. 入学試験：中学校、高校では、入試が英語学習の主要目的となることが多い。
h. 教師：自然な言語習得または個人学習とは異なり、教師が指導者または学習促進者となる。

　同じ学校で複数のクラスを担当すると、それぞれが個性を持ったクラスであることがわかります。だからこそ、ひとつのクラスでうまくいったアクティビティが別のクラスではうまくいかなかったということはよくあることです。このことから、自分が担当する各クラスの雰囲気や生徒をよく観察し、その特徴をつかむことが、指導やアクティ

ビティの効果を左右するといえるでしょう。

第 3 章

SLA 理論から授業の流れを検証してみる

　一般的に一回の授業は複数の活動で構成されています。しかし、ひとつひとつの活動がどのようなねらいを持ってなぜその順番で行うのかを真剣に考えることは少ないかもしれません。第1章ではSLA理論で提唱されている、認知プロセスを紹介し、第2章ではそこから導き出せる指導原理について触れました。ここまでで、SLA理論が英語教育に有益な示唆を与えてくれることが漠然とわかるのですが、実際の授業運営にどう関わるのかはあまりはっきりしません。そこで、この章では実際に行われている授業の流れを、第2章で取りあげた3つの指導原理と第二言語習得プロセスから検証してみましょう。

1. 授業の流れ：教師は授業時間をどのように使っているか

　筆者は、大学1年生49名に、中学校および高校で受けてきた英語の授業で最も典型的だと思う授業の進め方、あるいは頻繁に行った活動をあげてもらいました。そのうち47名が共通してあげた授業の流れを図3．1に示します[1]。

　この章では図3．1の流れを構成するひとつひとつの活動を第2章で紹介した3つの指導原理（表3．1に再掲）および第二言語習得プロセス（図3．2に再掲）に基づいて検討します。

---

[1]　横田（2011）　もちろんこのような授業形態をとっていらっしゃらない方もいらっしゃるはずです。したがって、これはあくまで授業例としてご覧ください。

1 【予習】ノートの左側に英文を書き写し、右側に和訳を書いてくるように指示する。

⬇

2 【単語音声】CDを使って、または教師が読みあげることで新出単語の発音を確認させる。
【本文音声】本文をCDで聞かせる、または教師が読みあげる。

⬇

3 【生徒の和訳発表】生徒を指名して、本文の数行を声に出して読ませ、その部分を和訳させる。

⬇

4 【説明と和訳例】教師が、構文・文法、重要表現を説明しながら和訳例を提示する。

⬇

【3と4の繰り返し】

⬇

5 【練習】教科書に掲載されている問題に解答させてから、教師が答え合わせをする。

図3.1　中学校・高校における教科書を使った授業例

表3.1　第二言語習得研究からの3つの指導原理

指導原理1：	【SLAプロセスにおける位置づけ】 第二言語習得プロセスから、授業内のそれぞれの活動の位置づけを知る。
指導原理2：	【仮説検証の機会】 自分の中間言語と外国語との差と、外国語で表現できない穴に気づくように、仮説検証の機会を与える。
指導原理3：	【3要素のマッピング】 言語形式・意味・機能のマッピング（form-meaning-function mapping）の機会を与える。

```
インプット → 気づき → 理解 → 内在化 → 統合 → アウトプット
```

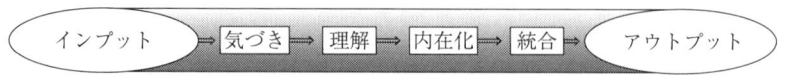

図3.2　第二言語習得のプロセス

2．授業実践を振り返る：教室での活動は外国語学習の促進につながっているか

〈検証1〉【予習】ノートの左側に英文を書き写し、右側に和訳を書いてくるように指示する

　「予習」をさせるねらいは、生徒の自宅学習の習慣化と次回の授業準備でしょう。それでは、この「ノートの左側に英文を書き写して、右側に和訳を書いてくる」という活動は、指導原理1【SLAプロセスにおける位置づけ】から検証すると、プロセスのどの部分に働きかけをしているのでしょうか。ノートに書き写すときに目に入ってくる英文をインプットとみなすことはできますが、ただ漠然とノートに英文を書き写すだけであれば、インプット本来の役割を果たしているとはいえません。インプットの何かに意識が向けられ「気づき」が起こらないかぎり、英文はインプットとしての役割は持ちません。理解が伴わない英文をただひたすら写す行為は、新出の単語や文法を文脈から推測するという必要性も生み出しません。したがって、「新出単語や新出文法事項を含んだ英文をノートに書き写す」予習は、無駄に時間を使っていることになります。

　また、ノートに写す英文が初めて触れるものであっても、写す作業には形式の意味と機能を結びつける必要性はないので、指導原理3【3要素のマッピング】の点からも何ら有益な行為ではありません[2]。そして、和訳をするとき、生徒は、わからない単語は即座に辞書で調べ、たいていは最初に書かれている意味を選び、それらをつなぎあわせることで和訳の予習を終えているかもしれません。予習を早く終わらせたい気持ち

　2　何も考えずに教科書の英文をノートに写すという活動はあまり意味がないと判断し、コピーを貼ってもよいとする教師も多いようです。

があれば、自分の和訳が理解できる日本語文になっているか、文脈に適した和訳になっているかを確認する生徒はそれほど多くはないと考えられます。このように英文を直訳していくだけの作業には、文脈に応じた機能を考える必要はありません[3]。さらに、教室では生徒の和訳を確認する活動に多くの時間が費やされてしまいます。

　以上、指導原理1【SLAプロセスにおける位置づけ】と指導原理3【3要素のマッピング】から「ノートに英文を写し和訳をさせる予習」を考察してみると、第二言語習得を促進させる働きはほとんど持たず、形式・意味・機能のマッピングも起こらないことがわかります。この方法で自宅学習させれば、教室での限られた時間内に効率よく和訳の確認作業を行えるという、英語教師にとってのメリットはあるのですが、SLAからは極めて効率の悪い方法といわざるをえません。確かに自宅学習の習慣化は必要です。そこで、インプットやアウトプットの機会が限られている外国語学習の場合、教室以外の場所でできる、かつSLAプロセスを促進させる自宅学習を考えるべきでしょう[4]。

〈検証2〉【単語音声】CDを使って、または教師が読みあげることで新出単語の発音を確認させる
　　　　　【本文音声】本文をCDで聞かせる、または教師が読みあげる

　教科書の本文に入る前に、文章をCDで、あるいは教師が声に出して読んで聞かせるリスニング活動が広く一般的に行われているようです。文章の中には未習の単語や文法項目が含まれているので、インプット理論から考えると、このリスニング活動は第二言語習得プロセスに重要な

---

[3] ただし、教科書本文の意味を自分で考えた上で英文を書き写すなど、予習の方法について適切な指導をすれば、形式・意味・機能のマッピングはある程度促すことはできるのかもしれません。

[4] 田尻（2009）は、「予習は英語力アップにつながる？」「その予習は本当に必要ですか？」と問い直し、「復習」の重要性を訴えています（pp. 30-31）。つまり、生徒が自宅で予習にかける時間を、復習に費やしたほうが時間を有効に使えるというわけです。

役割を果たすことになります。しかし、実際に生徒はCDを聞きながら何を考えているのでしょうか。

　これは根本的な問題として調べてみる必要があります。そこで、筆者は大学1年生にアンケート調査を行い、その中で中学校・高校で受けた英語の授業を振り返ってもらいました。CDや教師の読みあげる文章を聞いていた学生は34名中14名（41％）で、残りの20名（59％）は聞いてさえいませんでした[5]。さらに、真面目に聞いている生徒でも、音声を聞きながら意味を考えていたのは、新出単語のリスニングで34名のうち5名（15％）、本文のリスニングでは2名（6％）しかいませんでした。残念ながらこの結果は、ただCDの音声を流すだけや教師が読みあげるだけの音声インプットは本来の機能を果たしていないことを示唆しています。先ほどのノートに本文を写す作業と同様に、理解を要さないリスニング活動は指導原理1【SLAプロセスにおける位置づけ】からも指導原理3【3要素のマッピング】からも何ら有効性がないことになります。

　このようなリスニング活動の問題は、学習者が音を聞きながら文字を追っているだけの活動を、教師は「リスニング」と位置づけ、授業でリスニングをやっていると思いこんでいることです。CDや教師の読みあげる音声がインプットとして機能するためには、習得プロセスに働きかける活動や、形式・意味・機能のマッピングが必要となる活動を同時に行わせることが必要です。

　たとえば、生徒の注意を新出単語や文法項目に向けさせる簡単な方法として、以下のような方法が可能でしょう。

---

[5] アンケートの自由記述には、「今から授業が始まるぞという準備期間」「つかの間の休息」「聞いていてもよくわからないから聞いていない」などの意見がありました。

[6] 気づきを促したい言語形式がある場合、5W1Hに限らず、質問を工夫することで、特定の言語形式に注意を向けさせることも可能でしょう。また、内容を深め

方法1：本文の内容に関する5W1H（when, where, who, what, which, how）を含む疑問文を与え、CDを聞きながら、その発問に対する答えを聞き取らせます[6]。そして、答えられなかった発問は本文をみて解答させます。その際、生徒は知らない単語や文法項目があることに気づくと考えられます。

指導原理との関わり　まず、リスニング活動のねらいは発話の解答を見つけるために生徒が音声インプットの内容に注意を向けるようにすることです。ここでのポイントは生徒に正解を求めることではなく、指導原理1【SLAプロセスにおける位置づけ】の「気づき」を促し、「理解」へつなげることです。次に、本文を見ながらの作業は、音声インプットで聞き取れなかった語句や表現（文型、文法項目を含む）を視覚的に確認することで、自らの中間言語と目標言語との差を自覚させることを目的としています。これは【仮説検証の機会】（指導原理2）を与え、さらに【3要素のマッピング】（指導原理3）を効率よく起こさせることにつながります。

方法2：初回のリスニングの前に、本文内の新出単語や新出表現に下線を引かせます。次に、CDの音声を聞かせ、本文の内容を手がかりにして新出単語や表現の意味を類推させます。その後、ペアまたはグループで本文の内容について話し合い、個々人で類推した意味を発表します。続いて、クラス全体で教師が新出単語や文法項目を解説します。

指導原理との関わり　指導原理1【SLAプロセスにおける位置づけ】の点から、この活動は、教師が意図的に、新出単語や新出表現に注意を向けさせ「気づき」を促すことを目的としています。そして、本文の内容から意味・機能を考えなければならない作業は【仮説検証の機会】（指導原理2）を与え、【3要素のマッピング】（指導原理3）

る発問に関しては田中・田中（2009）が参考になります。

につながります。

　これら以外にいくつも工夫ができると思います。ポイントは、授業の中で生徒が触れるインプットを有効に使うことです。つまり、生徒に「気づき」、「仮説検証」、「形式・意味・機能のマッピング」の機会を与えることを意識したリスニング活動を考えます。

〈検証３〉【生徒の和訳発表】生徒を指名して、本文の数行を声に出して読ませ、その部分を和訳させる

　続いての活動は、いわゆる英文和訳です。指名された生徒は、まず本文を２、３行読み、その和訳を発表します。すでに予習で日本語訳がノートの右側に書いてあるので、それを生徒は読みあげます。では、この活動のメリットとデメリットを考えてみましょう。

メリット
- 生徒が声に出して文を読みあげたときに、音声面（発音やイントネーションなど）の正確さを確認できる。
- 生徒はいつ指名されるかわからないので、授業に緊張感が生まれる。

デメリット
- 生徒は、和訳が習慣化され、日本語を介さないと英文は理解できないと思いこむ。
- 正しい和訳に過剰反応をする。特に教師の和訳が一番正しいと思いこみ、それをノートに書くことに終始してしまう。
- 自分の発表が終わった途端、心理的プレッシャーから解放され、授業への集中力が途切れてしまう。

　クラスの人数が多いことから、生徒は一度指名されるか、あるいは全く指名されないこともあります。結果として、一回の授業を通して自分

が課された英文数行にしか集中しないことになります。これではインプットの量がほとんど確保されません。また、生徒は予習をしてきた和訳を読みあげるだけなので、英文を通して文字インプットに触れることもなく、形式・意味・機能のマッピングの機会もありません。したがって、生徒が音読した文を和訳する活動は、指導原理1【SLAプロセスにおける位置づけ】と指導原理3【3要素のマッピング】から検証すると、SLAを促進する有効性はほとんどないといえます。

　それでは、生徒があらかじめ書いてきた和訳を発表する活動をやめてしまってはどうでしょうか。同時に、ノートに本文を写して和訳を書く予習もやめてしまいます。予習をしないということは、生徒は、授業で初めて教科書の英文に触れることになります。本文を音声インプットあるいは文字インプットとして有効に活用するために留意したいのは、「聞く」「読む」作業の意義です。そもそもこれら2つの作業は、一字一句の文字通りの意味をつなげて理解がスムーズに進むわけではありません。聴解も読解も、耳からあるいは目からの言語情報だけでなく、背景知識や一般常識などを駆使して内容を理解しようとします。そのメカニズムを利用し、教師は教科書の挿絵やタイトルなどを使って生徒に内容を想像させたり、英語で内容の導入を行うオーラル・イントロダクションを行ったりして、まず生徒の背景知識を活性化させます。このように非言語情報の利用が形式・意味・機能のマッピングを助け、インプットの理解へとつながります。この意味で、予習を課さないほうが授業の展開にバリエーションが生まれ、SLAの点からもインプットから生徒の気づきを引き出し、3要素のマッピングの機会を与えるといった指導が可能になります。

〈検証4〉【説明と和訳例】教師が、構文・文法、重要表現を説明しながら和訳例を提示する

　生徒が和訳を終えると、教師が文法説明をして和訳例を提示する流れです。先に述べたように、日本の限られた授業時間内においては、文法

説明などの明示的指導は必要です。しかし、一般的に英語教師は丁寧な文法説明と和訳例の解説に、かなり多くの授業時間を費やしてしまっているようです。指導原理からこのことを検証すると、説明と和訳例に時間をかけすぎる結果として、特に、生徒のアウトプットの機会が少なくなってしまい、アウトプットによる指導原理2【仮説検証の機会】が奪われます。仮説検証の機会がなければ、指導原理1【SLAプロセスにおける位置づけ】の内在化と統合が促進されません。そして、指導原理3【3要素のマッピング】からも場面に応じた言語使用の機会がないため、特に形式と機能の結びつけを強化することができません。このように、生徒の英語力向上を意図し多くの時間を費やしている教師の行動が、実は生徒のSLA促進をさまたげているのです。

〈検証5〉【練習】教科書に掲載されている問題に解答させてから、教師が答え合わせをする

　単元に出てくる新出語彙や文法項目を説明した後、演習問題を行います。以下は、教科書によく見られる練習問題パターンにならって、筆者が作成したものです。

練習問題例1
　日本文の意味を表わすように、空所に適切な語を入れましょう。
　　　「この町に騒音公害はない。」
　　　This town is (　　　　) from noise pollution.
練習問題例2
　(　) 内の語を、適切な形に直しましょう。
　　　I'm sorry to have kept you (wait).
練習問題例3
　(　) 内の語を並べかえて、英文を完成しましょう。
　　　How long (take, go, it, to, does) from here to Kanazawa by car?

練習問題例4

 日本語を英訳しなさい。

    日本へ来たのはこれがはじめてです。
    (　　　　　　　　　　　　　　　　　　　　　　)

練習問題例5

 イントネーションに注意して読んでみましょう。

    Which would you prefer, tea（↗）or coffee（↘）?

複数の検定教科書を調べてみると、本文の後ろに配置されるこうした演習問題は、空所補充や並べかえ、そして和文英訳が圧倒的に多いようです。これらの問題が、たとえば文法や表現の知識を増やすことをねらいとしているのか、あるいはコミュニケーション能力向上にどのようにプラスになるかなどを明確にしないまま、教科書に出てくるからという理由で漫然と演習問題を生徒に解かせていないでしょうか。さらに、これらの問題を言語使用の練習という位置づけで納得してしまっていないでしょうか。もしそうであるならば、こうした演習問題をただ解答させるだけの作業は貴重な授業時間を無駄にするだけで、第二言語習得プロセスに有効であるかは疑問です。確かに、教師の立場からすれば、練習問題の解答は直接かつ短時間で生徒の理解を確認できる点で有効かもしれません。また、生徒も正解を得ることで形式・意味の結びつきを正しく理解していると確信できるかもしれません。

　しかし、こうした練習問題の大きな問題点は通常ひとかたまりの設問の中に関連性のない複数の単文が羅列されており、また使用する語句や文法項目が決まっているため正解がひとつしかないことです。言語運用における形式・意味・機能の結びつきは文脈に影響され、同じ形式でも文脈によって果たす機能が異なってきますし、逆に同じ機能を果たすために複数の異なった形式の使用が可能です。この点から、単文レベルかつ正解が決まった練習はいずれの指導原理からも適切とはいえません。まず指導原理2【仮説検証の機会】では、使用する語句や文法項目が決

められており生徒が言いたいことを自分の中間言語を用いて表現しないことから、中間言語と目標言語との差や穴に気づく機会がありません。そして、指導原理3【3要素のマッピング】からは文脈の中で形式・意味・機能のマッピングが行われないため、文脈に応じた適切な機能が判断できません。さらにそれらの結果として、言語知識の内在化や統合へ結びつく機会も奪われてしまいます（指導原理1【SLAプロセスにおける位置づけ】）。また、コミュニケーションの観点からも、これらの設問は言語運用のための練習とは位置づけられません。従来、教科書にある練習問題を解答させる作業は当たり前のように行われていたかもしれませんが、これを機会に練習問題の存在意義を3つの指導原理から再検討してみてください。そして、練習問題を行ったらそれで終わりではなく、それらを発展させて言語運用の活動につなげていく工夫が必要です。

【この章のポイント】

● 第二言語習得研究成果から得られる指導原理1【SLAプロセスにおける位置づけ】、指導原理2【仮説検証の機会】、指導原理3【3要素のマッピング】に基づき、授業実践を振り返ることで、日々の授業の改善ポイントを考える。

「第1部　第二言語習得理論と英語教育」のまとめ

　第1章、第2章、第3章の内容をふまえて、Reflective Exercise を検討してみましょう。

（1）【理論や研究は実際の授業運営や指導にはあまり役に立たない】
　SLA プロセスとその促進に関わる4つの仮説、そしてそこから導き出される指導原理の視点から授業を振り返ることは、新しいアクティビティをやみくもに授業に取り入れるよりも、学習効果の点から日々の授業を効率の良いものに改善できるはずです。

（2）【英語を上手に教えるには指導の経験を積めばよい】
　生徒が興味を持たない、または達成感を感じないような授業を回避するには、経験を積むことである程度は解決できるのかもしれません。たとえば、どのようなアクティビティを取り入れると生徒のやる気を引き出せるのか、あるいはどのタイミングで行うと生徒の眠気を取り除けるのかといった問題は教師の観察と経験によるところは大いにあるでしょう。しかし、観察だけを頼りにした「生徒が楽しそうに取組む」アクティビティは必ずしも SLA プロセスに働きかけていないかもしれません。経験にもとづいた授業運営ももちろん大事なことですが、それに加えて SLA 理論と研究を考慮した言語活動を通して SLA プロセスが活性化されることが習得につながっていくのです。

(3) 【英語力をつけるために、生徒に文法の練習問題をできるだけたくさんやらせるべきである】

　現在の日本の英語教育が置かれている状況と英語授業時間数を考えると、明示的な文法の説明と練習は不可欠です。しかし、説明後に行う練習問題、特に文脈をともなわない形式に特化した文法問題を解くだけでは、形式・意味・機能のマッピングをともなわないことが多く、SLAプロセスの活性化につながるかは疑問です。生徒の文法理解を確認するには練習問題は効率のよい方法かもしれませんが、それを行った後に、学習した文法を文脈の中で活用する練習も必要です。従来の練習問題は正解を求めるものに偏っており、言語運営の練習（活動）は十分とはいえません。練習問題をできるだけたくさん行うことは必要ですが、大切なことは本文で解説した3つの指導原理をふまえSLAプロセスに働きかけるような練習や活動を工夫することです。

(4) 【英語の授業は楽しくあるべきである】

　楽しい授業であればそれに越したことはありません。しかし、「楽しさ」を優先すると授業で生徒にどのような英語力を身につけさせるのかという「ねらい」が見えなくなります。授業運営を考える際、「楽しさ」に優先順位を置くのではなく、まず「学習効果」の面から授業のねらいを定めるべきでしょう。それに伴いどのように授業を楽しくできるかを考えます。理想的には個々のアクティビティにSLAを促進する効果があり、かつ楽しい授業です（ただし、これは楽しいアクティビティだけを行うという意味ではありません）。つまり、SLAプロセスの活性化を考慮した「効果的な授業展開」と生徒の学習者心理を考慮した「楽しい授業展開」という異なる視点から授業運営を考えることが大切です。

(5) 【英語を指導するうえで生徒に予習をさせることは基本である】

　予習はその内容によって授業に対して良い効果を生む場合もあるでしょう。しかし、本章で紹介した「ノートの左側に英文を書き写し、右

側に和訳を書いてくる予習」に関しては、和訳確認の授業をスムーズに進めるためにはメリットがあっても、SLA プロセスから検証するとその有効性はほとんどありません。家庭学習の習慣化ということであれば、予習でも復習でもよいわけです。いずれにせよ大切なポイントは、SLA プロセスに働きかける個人作業を考えることです。こうした課題や活動を課すことが限られた授業時間の有効活用と授業運営の効率化につながります。

(6)【付属の CD や教科書に記載されている練習問題は活用すべきである】

　本文で紹介した学生アンケートの結果からも、ほとんどの英語教師が教科書の本文を CD で聞かせたり、文法の説明を行った後に教科書にある練習問題を解かせたりしているようです。ただし、それは「教科書にあるから活用する」という理由で、授業運営の決まり切った作業となっていないでしょうか。CD は教科書を見ながらただ聞かせるだけの活動や、形式に特化した練習問題に終始する活動は、SLA プロセスのどこに働きかけているのか疑問です。こうした決まった作業もいつも同じ活動にするのではなく、やはりここでも本文の内容や新出の文法項目を考慮して「創意工夫」が大切です。身近にある CD や練習問題に創意工夫を加えることが、教師が危惧するマンネリ化した授業、生徒にとってつまらない授業を「楽しい授業」へと変えるひとつの、また最短の方策になるのではないでしょうか。

第 2 部

文法指導はどこへ行く

【Reflective Exercise】

> それぞれの項目について、自分の考えに一番あてはまるものをひとつ選んで□に✓をつけてください。
>
> (1) 新しい文法項目は、必ず最初に説明を行うほうがよい。
> 　　□思わない　　□どちらかと　　　□どちらかと　　□思う
> 　　　　　　　　　　言うと思わない　　言うと思う
>
> (2) 文法は形式練習をしっかりやっておけば、コミュニケーション活動をしているうちに適切な使用ができるようになる。
> 　　□思わない　　□どちらかと　　　□どちらかと　　□思う
> 　　　　　　　　　　言うと思わない　　言うと思う
>
> (3) 文法練習がうまくいかないのは、生徒がその文法を十分に理解できていないからである。
> 　　□思わない　　□どちらかと　　　□どちらかと　　□思う
> 　　　　　　　　　　言うと思わない　　言うと思う
>
> (4) 英語の文法は日本語の文法と似ている部分ほど習得が容易である。
> 　　□思わない　　□どちらかと　　　□どちらかと　　□思う
> 　　　　　　　　　　言うと思わない　　言うと思う
>
> (5) 文法規則は教えた順に、確実に習得させなければならない。
> 　　□思わない　　□どちらかと　　　□どちらかと　　□思う
> 　　　　　　　　　　言うと思わない　　言うと思う
>
> (6) 生徒が授業で教えたはずの文法を繰り返し間違えるのは、教師の教え方に問題がある。
> 　　□思わない　　□どちらかと　　　□どちらかと　　□思う
> 　　　　　　　　　　言うと思わない　　言うと思う

日本の英語教育は英語コミュニケーション能力の向上を目指しています。言語コミュニケーションをスムーズに行うためには、自分の思いを正確に伝えることが必須です。そのためには、文法知識が必要となり、文法の勉強は避けられません。また、文法指導のあり方は第二言語習得プロセスに大きく関わっています。SLA の観点から、新しい文法項目の提示と指導には、まず形式への気づきを促し意味と機能を理解させる段階が必要です。したがって、この段階では特定の文法項目に生徒の注意を向け、「気づき」を促す工夫をします。次に新しく学習した文法項目を内在化し、中間言語に統合していくための練習を行います。この内在化と統合化の段階では、形式と意味伝達のバランスを考えた練習を行うことで、形式・意味・機能の結びつきを強化していきます。

　さらに、文法指導は授業運営にも大きく影響しています。生徒から「英語は好きだけど、文法は嫌い」という声がたびたび聞かれます。これは、文法の勉強＝「規則の説明ばかりでつまらない」、「ひたすら規則を暗記させられる」というイメージが強いからかもしれません。あるいは、教師の文法指導法がマンネリ化しているからかもしれません。そこで、第4章では、授業運営における文法指導について概観し、SLA の観点から先生が文法説明をすることの是非を再考します。第5章では、形式と意味伝達のバランスを考慮した具体的な練習法について見ていきます。第6章では、生徒の「誤り」について考えます。英語教師である私たちは、「誤り」を悪者扱いして、訂正することばかりに注意を向けてしまいます。しかし、見方を変えると、「誤り」は学習者がどのような段階を経て外国語を身につけていくかを知る貴重な情報源であり、結果、文法指導のあり方を考える手がかりになるのです。そこで、誤りの訂正に関する研究を振り返り、そこから教師は文法指導に関してどのような点に留意すべきかを考えます。

第4章

教室における文法指導の意義

　外国語での円滑な相互理解のために正しく表現することは大切で、文法学習は避けられません。限られた授業時間で効率よく文法を指導し、かつ生徒がその知識を言語運用に応用できるように導びいていく必要があります。この章では、これまでの文法指導のアプローチを概観し、授業運営における文法指導の手順を考えます。そして、「指導した文法がなかなか身につかない」という先生の嘆きが「そうだったのか」という発見に変わるよう、先行研究の結果をもとに文法知識の特性について解説します。

1．文法指導のあり方：文法指導はこれまでの教授法でどのような位置づけであったか

　学習指導要領では、文法とはコミュニケーションを支えるものと位置づけられ、言語活動と効果的に関連づけて指導するように書かれています（第3款　英語に関する各科目に共通する内容等）。さらに、この点について以下のように解説されています。

　　文法は基盤として必要であるが、<u>文法をコミュニケーションと切り離して考えたり、この二つを対立的な事項としてとらえたりしない</u>ことが大切である。実際の指導においては、文法の用語や用法等に関する説明は必要最小限としつつ、当該文法を実際に用いて言語活動を行うことについて慣れ親しむことができるよう、当該文法を用

いた多様な文を聞いたり読んだりする活動を行ったり、話したり書いたりする活動の中で、新しい文法事項を積極的に用いることを奨励したりして、文法をコミュニケーションに活用することができるようにするための授業を行うことが重要である。

SLAの分野でコミュニケーション能力は複数の構成概念に分けられており、文法を含む言語能力はそのひとつです[1]。その意味で文法規則だけ切り離して指導や練習をしても、実際の言語運用(コミュニケーション)で正確かつ適切な表現ができるわけではありません。文法規則とその意味がわかるだけでは不十分で、その文法規則がどのような場面で使われるとどのようなことができるのか、つまり機能も一緒に理解していなければ、適切な言語運用はできないのです。ですから、「文法を学ぶ」とは、形式・意味・機能のつながりを理解することです[2]。

それでは、これまで英語教育において文法指導はどのように扱われてきたかを見てみましょう。教授法を大きく3つに分けるとすれば、その変遷の中で文法の扱いは図4．1のように変化していきました[3]。まず、**伝統的教授法**には、母語と学習言語の構文と文法を重視し翻訳を徹底的に行う文法訳読法や、文型の反復練習に重点を置いたオーディオ・リンガル・メソッドのような、文法の正確さを重視した教授法があります。これらの教授法では文法が重視されましたが、「言語知識があっても実際に使えない」という批判から、意味を重視する**コミュニカティブ・アプローチ**（Communicative Language Teaching, 以下CLT）へ移行していきます[4]。このアプローチは、教室を「言語使用」の空間にするた

---

1 【本書を読む前に】（4）コミュニケーション能力を参照してください。
2 Larsen-Freeman（2003）, 村野井（2006）, 和泉（2009）
3 村野井（2006）, 和泉（2009）, 髙島（2011）
4 目標言語だけで指導をする、直接教授法（Direct Method）やナチュラル・アプローチ（Natural Approach）でも、文法を体系的に教授しませんが、日本の英語教育で積極的な導入がありませんでしたので、ここでは取りあげていません。

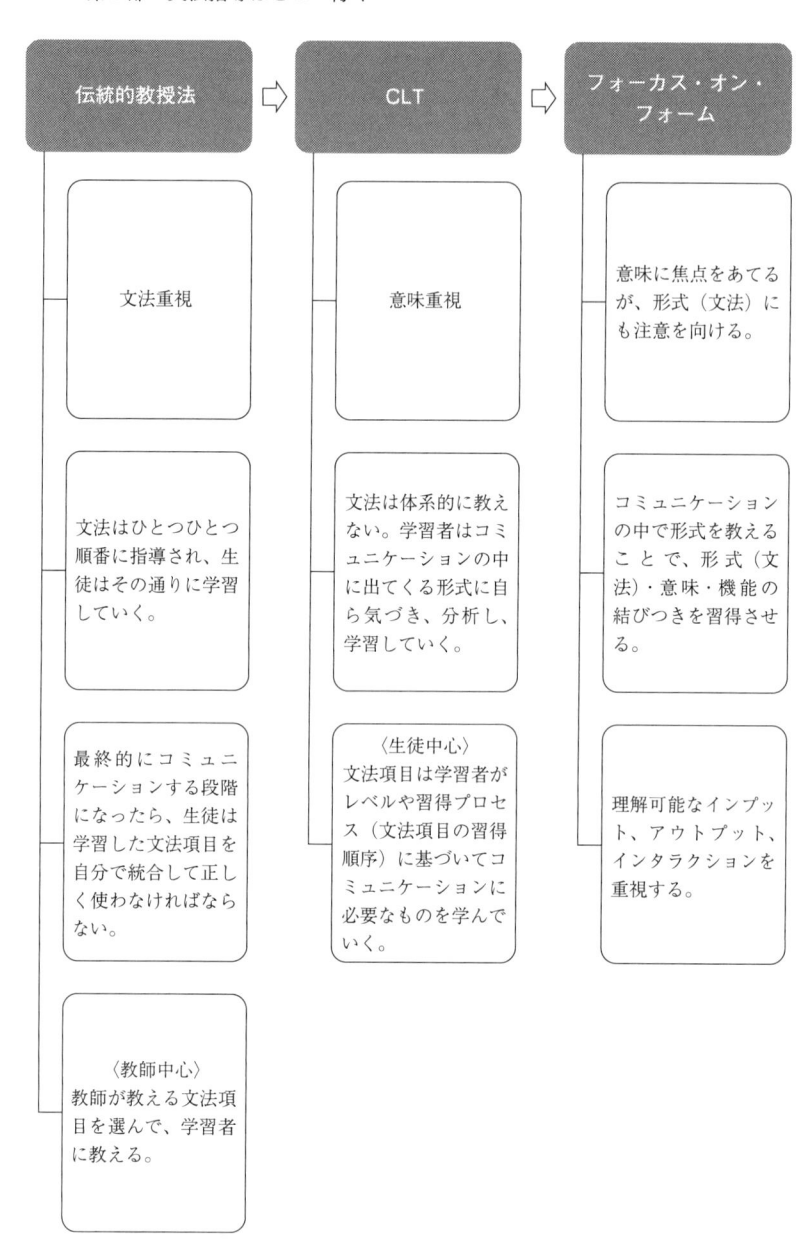

伝統的教授法 ⇒	CLT ⇒	フォーカス・オン・フォーム
文法重視	意味重視	意味に焦点をあてるが、形式（文法）にも注意を向ける。
文法はひとつひとつ順番に指導され、生徒はその通りに学習していく。	文法は体系的に教えない。学習者はコミュニケーションの中に出てくる形式に自ら気づき、分析し、学習していく。	コミュニケーションの中で形式を教えることで、形式（文法）・意味・機能の結びつきを習得させる。
最終的にコミュニケーションする段階になったら、生徒は学習した文法項目を自分で統合して正しく使わなければならない。	〈生徒中心〉文法項目は学習者がレベルや習得プロセス（文法項目の習得順序）に基づいてコミュニケーションに必要なものを学んでいく。	理解可能なインプット、アウトプット、インタラクションを重視する。
	〈教師中心〉教師が教える文法項目を選んで、学習者に教える。	

図4.1　アプローチによる文法指導の相違

めに正確性より流暢さを重視しました。ところが、今度は学習者が体系的に文法知識を習得できない点が指摘されました。そこで、**フォーカス・オン・フォーム**が注目されるようになりました。

　このアプローチは、形式・意味・機能の結びつきを重視しています。自然なコンテクストで、生徒にとって興味や関心があるインプットを大量に与えて[5]、生徒の注意を未習の形式に向けさせ、同時に意味・機能をあわせた3つの関係に気づかせることが大切だと主張しています。そして、インタラクションとアウトプットを通して、徐々に生徒は学習言語の言語知識として形式だけでなく意味・機能を同時に身につけていきます。

　文法はコミュニケーションを通して指導する必要があると理解し、授業の指導過程にダイアログやスキットを取り入れるなどして試行錯誤をしている先生もいらっしゃることでしょう。ところが、新出文法項目をダイアログの中で提示して説明をしたり、コミュニケーション活動をさせたりしても、これは従来の形式重視の授業の中に意味重視に徹したCLTの概念を取り入れた折衷案であり、フォーカス・オン・フォームではないという指摘もあります[6]。フォーカス・オン・フォームが日本の英語教育現場でうまく機能しない原因のひとつには、授業の流れが考えられます。それでは、次のセクションで従来の授業運営（流れ）を検討してみます。

2．文法の指導手順：必ず最初に文法説明をする必要があるのか

　日本ではPresentation（提示） ― Practice（練習） ― Production（産出）の順番が一般的な授業の流れです[7]。PPPは教師が中心となり

---

[5] 村野井（2006）はインプットの質も大切で、考慮すべき特徴として、本物のコミュニケーション場面で情報伝達のために書かれた、あるいは発せられた英語をインプットすること、文字と音声によるインプットを与えることが大切だと述べています。

[6] 和泉（2009）

[7] 頭文字をとってPPPと呼ばれたり表記されたりしています。本書でもこの慣

大勢の生徒を指導できることから、ひとつのクラスに生徒数が多い日本の英語教育の現場で広く取り入れられています。まず、提示の段階で文法項目を紹介し、続いてその文法を練習します。学習した言語形式を自動化するため、日本ではパターン・プラクティスが広く使われています。この段階であらかじめ文型練習をして文法の操作をある程度自動的にできるようにしておくことで、次の産出へスムーズに移行できると考えられています。そして、最後は、発話をしたり文章を書いたりして、学習した文法項目を実際にコンテクストの中で使ってみます。

このようにPPPに従うと、文法規則の説明、機械的なドリル（形式練習）、意味伝達を考慮した文法練習、コミュニケーション活動という順番で授業が進んでいきますが、この順番がいつも効果的なのでしょうか。そこで、あえてこの順序を逆にしてみましょう。つまり、まずコミュニケーション活動を行ってから新しい文法項目の導入をします[8]。生徒はこれまで身につけた学習言語を使ってコミュニケーション活動を行いますが、正しく意味伝達ができないことに気がつきます。このタイミングで、正しく伝えるために必要な文法規則を導入、指導します。先に学習言語でできないことに生徒の注意を向け、そこを文法指導で補ってあげるのです[9]。つまり、文法説明は必ずしも最初に行う必要もきまりもありません[10]。

ハーマー（Jeremy Harmer）は、授業運営は生徒中心であるべきで、

　　例に従います。
[8]　Johnson (1982), 和泉 (2009), 白井 (2012), Ur (2009)
[9]　和泉 (2009) は、文法説明からコミュニケーション活動への方法を「連続的FonF」、その逆を「統合的FonF」という名称で紹介しています。連続的FonFはPPPの流れと似ていますが、フィードバックを与えるという点が異なります。従来のPPPではフィードバックについては、その必要性について言及していません。
[10]　フォーカス・オン・フォームには、特定の文法項目が必要となるようなコミュニケーション・アクティビティを与える「先取り型」と呼ばれる方法があります。また、生徒がコミュニケーション活動を行っている最中に、スムーズなインタラクションのため教師が必要だと判断した表現や文法を適宜教える「反応型」

このことから授業の流れも一方方向に進む必要がないことを指摘しています。そこで、ハーマーはこれまでの Presentation-Practice-Production の用語をあらため、**Engage, Study, Activate** を提案しました[11]。従来の Presentation（提示）では、教師が文法項目を説明しますが、Engage は生徒にこれから学習する内容（文法項目）に興味を持たせ、積極的に取り組ませることを意図しています。たとえば、生徒が興味を持ちそうなトピックについて、特定の文法規則を含んだ文章を読ませたり聞かせたりするのも一案です。Study は、学習言語の言語的特徴に生徒の意識を向ける活動をします。生徒に積極的に形式・意味・機能のつながりを分析させ、特定の文法項目の学習と指導へつなげていきます。Activate ではコミュニケーション活動を行うなどして生徒は目標言語を実際に使ってみます。もちろん新しい文法項目だけでなく、コミュニケーションに必要な既習の文法や語彙も使います。さらに、ハーマーは、文法項目の導入と練習（形式に特化した練習やコミュニケーション能力向上につながるあらゆるアクティビティを含む）は従来の PPP のように決まった順序で一方方向に進むのではなく、Engage, Study, Activate のどこから始まってもどちらに向かってもよいと提案しています（図4．2参照）。

　適宜授業の流れを変えることで、文法指導のマンネリ化は改善されるはずです。

　　もあります。後者の方法は教師が臨機応変に対応するので、どの文法項目が取り上げられるかはあらかじめわかりません。したがって、指導しなければならない文法項目が決められている日本の英語教育現場では、「反応型」だけで授業運営を行うことは難しいでしょう。

[11]　Harmer（2007）

```
        Engage
       ↗     ↖
      ↙       ↘
  Activate ⇄ Study
```

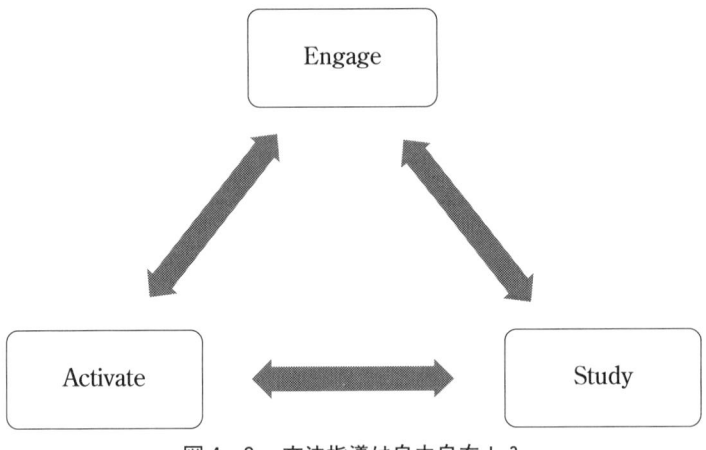

図4.2　文法指導は自由自在！？

3．文法規則の提示：文法規則はいつも教師が明示的に説明するべきか

文法項目は明示的に指導、あるいは説明する方法と、暗示的に指導する方法があります。この2つの指導法は以下のように説明されています。

明示的指導法	暗示的指導法
特定の文法規則について説明したり例文を与えてそこから規則を導き出させたりして、特定の文法項目に生徒の注意を直接向けさせる。	意味を重視し、目標とする文法項目を含んだインプットを大量に与え、その文法項目を必要とする言語活動を行うことで自然な文法習得を促す。

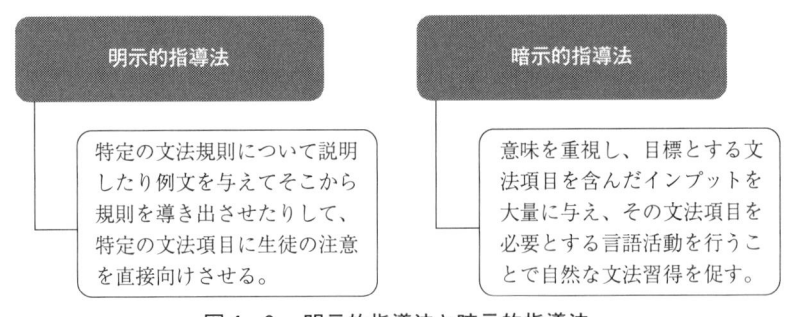

図4.3　明示的指導法と暗示的指導法

明示的指導法（explicit instruction）は学習者の注意を文法規則に向けて意識させますが、**暗示的指導法**（implicit instruction）は学習者に

大量のインプットを与え、言語使用を通して無意識に文法規則が習得されるという考えに基づいています。

　SLA の分野ではこれまで、明示的指導法と暗示的指導法のいずれがより効果的かという議論がされてきました。しかし、先行研究の結果はさまざまで、どちらの指導がより効果的かは明らかになっていません。これは、それぞれの研究で調査対象の文法項目、実験参加者の人数や言語的背景、具体的な指導法が異なるために、結論付けが難しいと考えられます。そこで、ノリス（John Norris）とオルテガ（Lourdes Ortega）は先行研究を再分析した結果、教室での第二言語習得には明示的指導のほうが効果的であるという結論を導き出しました[12]。

　日本の中学校や高校では指導するべき文法項目が決められており、教科書の文法項目を丁寧に念入りに説明しなければならないという思いから、教師が明示的に文法規則を説明する指導法が一般的です。しかし、教師が一方的に文法規則を説明するだけでは、生徒は受け身の姿勢になり、興味を持って積極的に学習しようというモチベーションにつながるとは考えられません。そこで、教師が文法規則の説明をやめて、生徒自身に規則を考えさせてみます。これは帰納的方法と呼ばれ、生徒の注意を形式に向け「気づき」を高める方法です。

　帰納的な文法指導はどちらかというと暗示的な方法が多いようですが、指導法は必ずしもいつも明示的方法と暗示的方法とに明確に分けられるわけではありません。たとえば、教師がいろいろな人物を、関係代名詞 who を用いて紹介すると意味重視のインタラクションですが、同時に生徒の注意が who の新しい使い方に向くことをねらいとしているので、この場合は暗示的指導です。続いて、「どのように人物を紹介していたか」と教師が生徒に聞くことで生徒は who の使い方を意識するでしょう。このあたりから明示的要素が強くなります。「疑問詞とは違う who に気づきましたか」と

---

[12] Norris & Ortega（2000）で取り上げられた先行研究が、学習者の言語能力を、明示的知識を用いるテストで測ったものが多いことから、明示的指導の効果が強く表れやすかった可能性が指摘されています（白畑・若林・村野井 2010）。

聞くと、完全に明示的指導となります[13]。暗示的に特定の文法項目に生徒の注意を引く方法として、たとえば、インプットの中で目標とする文法項目だけ文字の大きさや色を変えて目立たせる**インプット強化**（imput enhancement）、特定の文法項目を意図的に大量に含んだ文章を読ませる**インプット洪水**（input flood）と呼ばれる方法があります[14]。そして、暗示的な手法で生徒の「気づき」を促した後は、英語教師が学習目標である形式や文法を明示的に説明することで、生徒の学習へとつなげていきます。

4．文法知識の学習と習得：文法項目はみな同じ教え方でいいのか

　文法指導やその練習を工夫し、反復練習をしても文法項目によって身につく速さや言語使用における正確さが異なることは、英語教師が日々実感していることではないでしょうか。たとえば、中学一年生で学習する三人称単数現在-s は、理解も比較的容易で「主語が三人称単数で現在のことを表すときは動詞に-s をつける」と説明することもそれほど難しくないのに、なかなか正しく使えるようになりません[15]。意識すれば正しく使える、または教師に誤りを指摘されると「三人称単数現在-s が落ちていた」とわかるのですが、会話など時間に余裕がない状況では頻繁に忘れてしまいます。これは、ことばで規則が説明できる項目が必ずしも早く身につくわけではないことを示しています。一方で、同じように中学一年生で学習する進行形-ing は比較的早く正しく使えるようになります[16]。さらに、ひとつの文法形式が複数の意味を持つ場合、比較的早くその形式を使って表現できる意味とそうでない意味があり、形式の使用に偏りが生じることもあります。たとえば、3つの用法を持つ

13　村野井（私信）
14　これらの方法は明示的指導法でも活用できます（和泉 2009）。たとえば、インプット洪水のように特定の形式が頻繁に出てくる文章を与え、その中に一定のパターンや規則を見つけるように指示することは、特定の形式に向ける学習者の意識を高めます。
15　鈴木・白畑（2012）
16　鈴木・白畑（2012）

現在完了形も「経験」用法は早いうちから理解して使えるのですが、「継続」「結果・完了」は必要なコンテクストでなかなか適切に使えるようにならないことが報告されています[17]。以上の例は、授業で教えた文法はどれも同じ速さで同じ程度の正確さが身につくわけではないことを示唆しています。

　エリス（Rod Ellis）は17の文法項目[18]を取りあげて、それぞれの項目について、学習と習得の難易度を調べました。調査の結果にもとづいて、ことばで説明可能な明示的知識として学習することが難しい項目と易しい項目、一方、暗示的知識として無意識のうちに習得することが難しい項目と易しい項目に分類しました[19]。結果は表4．1のようになりました。

表4．1　文法項目における難易度の相違

文法項目	学習(明示的知識)	習得(暗示的知識)
所有格-'s	○	○
反実仮想の仮定法	×	×
三人称単数現在-s 複数形-s 過去形-ed	○	×
副詞の位置	×	○

(易＝○、難＝×で示す)

　三人称単数現在-s は、明示的知識として学習することは易しいけれど、暗示的知識として習得することは難しい文法項目だと報告しています。同様の項目として、複数形-s と規則動詞の過去形-ed も含まれていまし

---

[17] Shibata (2012)
[18] 動詞補部（動詞が to 不定詞を取るか動名詞を取るか）、三人称単数現在-s、複数形-s、不定冠詞、所有格-'s、規則動詞過去-ed、Yes/No 疑問文、比較、反実仮想の条件文、助動詞、能格動詞、埋め込み疑問文、副詞の位置、付加疑問文、現在完了形の since/for、与格交替、関係代名詞
[19] Ellis (2006)

た。一方で、文中における副詞の位置に関する規則はことばで説明をすることは難しいにもかかわらず、正しく使えていることがわかりました。つまり、明示的知識としての学習は難しいのですが、暗示的知識としては習得が易しいことになります。さらに、所有格-'s がことばでの説明もその使用も比較的易しい項目、仮定法、特に反実仮想（例　If she had worked harder, she would passed the exam.）は学習も習得も難しい項目であるという結果になりました。エリスの研究結果は、同じ指導法を使ってもその効果は文法項目によって均一ではないと示唆しています。

　SLA では、言語知識の発達過程で学習者は段階によって異なる誤りをしながら、徐々に学習言語の文法を身につけていくと考えられています。身につく速さと使用の正確さは項目によって異なります。ですから、教科書に出てくる順番に文法項目を教えれば、その順番に正しく使えるようになるわけではありません。これまでの議論をふまえて、授業で教師がひとつひとつの文法項目を丁寧に教えたり、同じ方法で教えたりすることは、すべての項目に同じ効果をもたらすわけではないといえます。これらのことを心に留め、「文法知識は複雑な過程を経て時間をかけて身についていく」という柔軟な姿勢を持って取り組めば、「学習した文法なのに」「以前に教えたのに」という教師たちの嘆きの声は今より少なくなるでしょう。さらに、英語教育の究極のゴールは文法習得ではなく、コミュニケーション能力の向上であるべきで、文法指導はその一環であることを意識することも大切です。

【この章のポイント】

- 文法指導は、形式・意味・機能の結びつきを促し、実際の言語運用につながることを心掛ける。
- 文法指導の手順はいつも同じである必要はない。
- SLA の「気づき」仮説にもとづき、生徒に文法規則を考えさせることも有効である。
- 学習と習得における速さや使用の正確さは文法項目によって異なる。

第4章『ちょっとひといき』

アプローチやアクティビティが生まれた背景を理解する

　生徒の英語力向上のため、日ごろ英語教師は言語活動を工夫し、新しい教授法を取り入れる努力を惜しみません。しかし、新しい教え方やタスクを試みてうまくいかないと、「今度は別の方法でやってみよう」とすぐ次の新しい試みへ移っていきます。しかし、ただやみくもに試すだけでは、永久に新しいことを模索し続けなければなりません。ここで大切なポイントは、試してみた指導法やアクティビティの根底にある教育観や言語観を理解したうえで、「なぜ、うまくいかなかったか」を考えることです。そして、その反省を次回に活かし、同じ指導法やアクティビティがうまくいく工夫をします。

　たとえば、英語が第二言語として使われている環境で考案されたCLTやタスク中心の指導法を、外国語として英語を学ぶ日本でそのまま取り入れて同じ効果が期待できるのでしょうか。意味重視でインタラクションを通してコミュニケーション能力の向上をねらいとする、これらの指導法では、学習者は学習言語の積極的な使用が求められます。一方、日本の授業運営は教師中心で、生徒の授業態度が受け身であることが指摘されてきました。それまで一方的に知識を受け取ることが多かった授業形態にコミュニケーション重視の言語活動を取り入れた途端、英語の授業は知識伝授の形態から生徒中心の発信型形態に変わり、生徒たちは積極的に英語でインタラクションをしなければなりません。しかし、実際には、インタラクションを促すタスクをやってみたけれど、生徒はほとんど口を開かずうまくいかなかったという経験はありませんか。その原因は、生徒の学習に対する取り組み方（授業中は、座って静かに教師の説明を聞く）と指導理念（教室で積極的なインタラクションを奨励することでコミュニケーション能力を養成する）のギャップにあると考えられます。授業形態や生徒の授業態度に見られる日本独自の教室文化を十分把握せず、「インタラクションをすれば英語コミュニケーション能力が向上する」という利点

だけを鵜呑みにし、指南書通りのコミュニケーション・タスクを取り入れてうまくいかなかったというのは不思議なことではありません。そもそも、ただ「流行りだから」、また「この方法が効果的と本に書いてあるから」という理由で、新しい指導や練習方法を解説書通りにそのまま実践してしまうことに問題があるのです。しかし、そこで「効果がないからこの方法はダメだ」とすぐ結論づけて新たな指導法に手を出すのではなく、個々の指導法が提唱された背景や指導理念を理解し、自身が受け持つ生徒やクラスの特徴を考えて試行錯誤することが、より効果的な指導へとつながっていきます。

第5章

文法練習のゴール
～形式と意味伝達

　文法規則を知っているだけで言語運用ができるわけではありません。学習した文法が使えるようになるためには、その文法がどのような伝達機能を持つのかを理解する必要があります。また、同じ形式でも使用状況によってその伝達機能が変わります。この章では、まず形式が持つ機能について具体例を用いて説明します。続いて、教室で行われる言語活動は、文法学習をねらいとした形式練習か意味伝達を目的としたコミュニケーション・タスクかの二者択一ではなく、より形式に重点を置いた練習、あるいは、より意味伝達を重視した練習といった、形式と意味のバランスを考えた練習に焦点をあてます。そして、文法練習があまり効果的でない、あるいはうまくいかないときの原因について考えます。

1. 文法とコンテクスト：機能とは何を指すのか

　私たちは相手に伝えたいことをことばで表現します。これは、ことばが伝達機能を持っているからこそ実現することです。したがって、外国語学習においても文法規則がどのような伝達機能を持っているかを理解していなければ、適切な言語使用はできません。しかし、日本の英語教育は生徒が形式として文法を知っていても、なかなか場面に適した使い方ができるようにならないと批判されてきました。その原因のひとつとして、形式は意味を持ち場面に応じて特定の役割を果たすこと（形式・意味・用法のマッピング）をはっきりと教えていないことが考えられます。形式の正確さが強調され、場面に応じた適切さに生徒の注意を向け

る指導が十分に行われていないのではないでしょうか。さらに、そこには日本の英語教育において文脈に応じた意味、つまり「機能」ということばの認識不足があるのかもしれません。文法の指南書などには当たり前のように「機能」ということばが使われていますが、明確な用語の説明は見あたりません。

そこで、以下に具体例を2つ紹介しながら、「機能」とは具体的に何を指すのかを解説します。

中学1年で、Yes-No疑問文にはYesかNoで答えるように指導します。これは文法的には問題ありません。ところが、実際の言語使用ではYesかNoの回答では不適切なことがあります。単純にNo, I don't.と回答した結果、相手が気分を害してしまうかもしれません。たとえば、映画に誘われた場合、実はその相手とは絶対映画に行きたくないと思っても、私たちは日本語でも決して露骨に「いいえ、行きません」とは言いません。なるべく相手を傷つけないように、「是非ご一緒したいのですが、その週末はすでに予定があるので」などと言って断ります。

```
Do you want to go see a movie        Do you like tomatoes?
this weekend?

  ├─ 文法：                            ├─ 文法：
  │  Yes, I do.                        │  Yes, I do.
  │  No, I don't.                      │  No, I don't.
  │                                    │
  └─ 社会言語的：                       └─ 社会言語的：
     [肯定] Oh, yes! I love to.           [肯定] Yes, I love them.
     [否定] Well, I love to, but          [否定] Well, not really.
            I'll be busy this                   But I love tomato
            weekend.                            sauce.
```

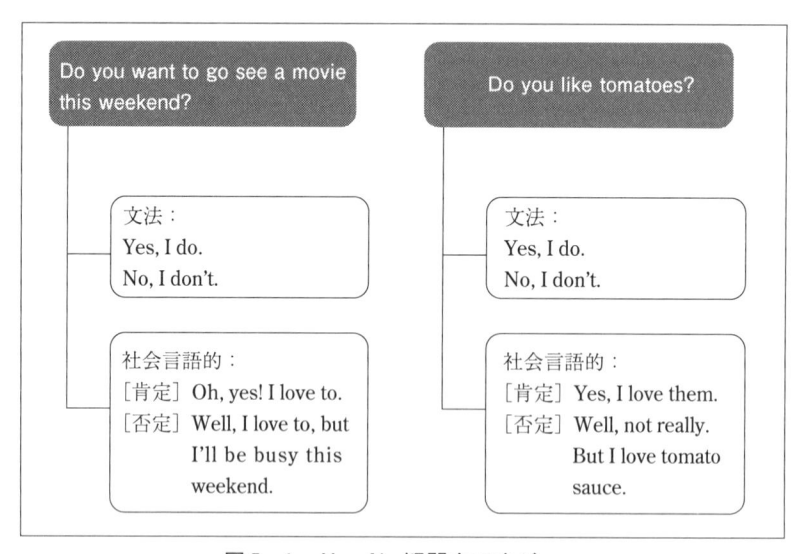

図5.1　Yes-No疑問文ですが……

こうした対話者への配慮は言語を問わず同じです。

　図5.1にあるように、疑問文に対して必ずしも Yes, I do. もしくは No, I don't. と回答するのではなく、会話の中での Yes-No 疑問文の機能、相手が質問する意図をくんで適切に返答する必要があります。ここでは Do you want to go see a movie this weekend? は、形式として Yes-No 疑問文であると同時に、勧誘としての伝達機能を果たしています。したがって、勧誘を断る場合、日本語でもあからさまに「いいえ、行きません」と回答しないように、英語でも間接的に断る表現を用います。また、Do you like tomatoes? と聞かれた場合も、状況によっては単純に Yes, I do. あるいは、No, I don't. では答えられないことがあるかもしれません。たとえば、対話者がトマトを一生懸命育てているという話をしているときに、Do you like tomatoes? と聞かれて No, I don't. と答えるのは気が引けます。そこで相手に失礼にならないように、Not really. と答え、間接的に好きではないことを伝えようとします。したがって、コミュニケーション活動の中で文法を練習するのであれば、Yes-No 疑問文という形式の練習に終始するのではなく、適切な受け答えも視野に入れた練習をします。

　形式と機能の関わりは音声レベルにも現れます。たとえば、I'm listening (to music). のような簡単な文を考えてみましょう。動詞に進行形-ing が付加された形式で、話者が音楽を聞いている最中であることを表しています。音声的には、原則として一人称 I や be 動詞などの機能語は強く発音されないことになっていますが、相手の質問によって必ずしもそうではありません。図5.2の具体例を見てみましょう。

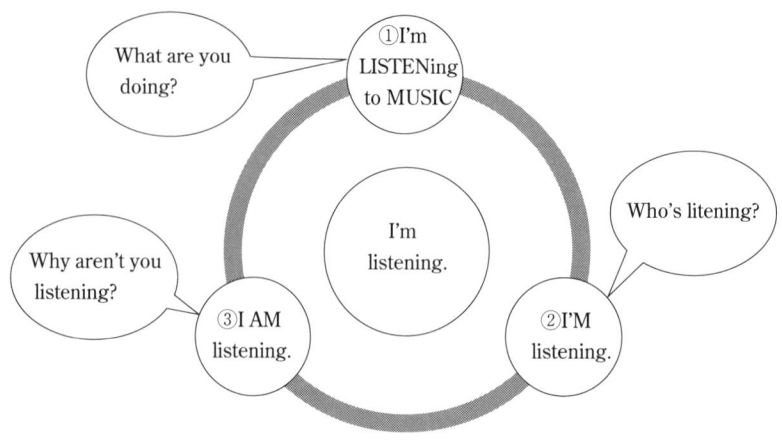

図5.2 ストレスで違うよ

吹き出し：
- What are you doing?
- ①I'm LISTENing to MUSIC
- Who's litening?
- Why aren't you listening?
- ③I AM listening.
- ②I'M listening.
- （中央）I'm listening.

① What are you doing? に対する回答です。ここでは、doing に具体的に答えることが一番肝心ですから、内容語[1]である動詞 listen と名詞 music をはっきり発音します。

② Who's listening? と聞かれて、「私が聞いています」と回答している場面が想像できます。質問に対して一番重要な情報は、「私」ですから、一人称 I が強く発音されます。

③ 「なぜ聞いてないの」という問いに対して、「聞いてるわよ！」と少し強い口調で言い返している場面が思い浮かびませんか。「今この場で聞いている」という現在進行のニュアンスを伝えるために、am をはっきり発音します。

このように、形式と意味が同じでも、使われる状況によって相手に伝わる意図が異なり、それに伴って声の調子も違ってきます。これら2つの具体例は、形式がコミュニケーションから切り離しては機能しないこ

---

[1] 文の中で必要な情報を提供している語なので、省略すると意味が伝わらない語（名詞、動詞、形容詞、副詞など）。一方で、文法的役割を果たす語（冠詞、接続詞、助動詞など）を機能語といいます。

とを示しています。教室におけるコミュニケーション活動では、意志疎通を円滑に行うことを留意して、正しい形式の使い方だけでなく適切な言語使用にも考慮することを教える必要があります。そのためには、英語教師が、特定の形式がどのような場面でどのような「機能」を果たすのかを十分検討、理解していることが大前提です。

2．言語運用能力の向上：形式練習と意味伝達の活動をどのように取り入れるか

　PPPの手順では、形式練習（practice）を行った後に産出（production）へ移行し、学習した文法をコミュニケーション・タスクの中で的確に使うことを生徒に期待します。形式練習はパターン・プラクティスに終始することが多く、ほとんどのパターン・プラクティスは決められた文法項目を使って文脈から切り離された文の練習にとどまっています。パターン・プラクティスは体系的に反復練習をして口慣らしをすることで生徒が文型に慣れることをねらいとしています。確かにコミュニケーションに必要な形式をよどみなく使えるために形式練習は必要ですが、SLA理論からすると文脈から切り離された形式練習では、形式・意味・機能とのマッピングが起こらず（あるいは強化されず）内在化、統合には有益ではありません。

　教科書にもよくある、典型的なパターン・プラクティスのひとつで**置きかえドリル**（substitution drill）を検討してみましょう。生徒は与えられた単語を文型（パターン）にあてはめて繰り返し同じ文型を練習します。たとえば、下線部をa）〜c）の決められた動詞句を使って文型（主語＋動詞＋目的語）を練習します。

　（1）John likes music.
　　　a）play sports　　b）study Japanese　　c）eat ice cream

この練習の目的は決められた文型に慣れスラスラ言えることです。文型

と語彙が与えられているので、特に初級者には負担が少なくパターンに集中ができます。

　しかし、ここで問題なのはスラスラ言えるからといって文の意味を理解しているとは限らないことです。意味を知らない単語を提示されても文型にあてはめることはできますので、一見文型の練習ができているように見えます。文型に従ってさえいれば、たとえ意味が不適切な文を作っても文型は正しいことになります。たとえば、（2）を見てみましょう。

（2）John eats pizza.
　　 a）shoes　 b）*lapan*

（2）で pizza を shoes に置き換えると、おとぎ話でないかぎり私たちはこの文の意味がおかしいと思います。また、*lapan* がフランス語であることを知らなくても、目的語の位置にそのままあてはめると正しい文になります。さらに、（1）でも（2）でも主語は John ですが、生徒はおそらくこの人物を知らないでしょう。こうした特定の形式だけに特化したドリル練習は、語彙と文型が指定され伝達内容は生徒の意図とは無関係であることから、不自然な言語使用であり本来の意味伝達を目的とするものではありません。

　こうした問題点を考慮した練習法に情報の伝達をねらいとした**有意味ドリル**（meaningful drill）があります。先ほどの置きかえ練習と同様に体系的に反復練習して口慣らしをすることで文型に慣れさせることをねらいとしますが、それに加え生徒は内容を考え正しく伝えることも要求されますので、意味伝達も意図しています。たとえば、次の練習では指定された文型を使って友だちのことを紹介します。

（3）(friend's name) is my good friend.
　　　He/She eats breakfast every day.
　　　OR He/She doesn't eat breakfast every day.

a) play tennis　　b) study English　　c) read newspaper

　生徒は（3）の文型と a)〜c) の動詞句を使ってお互いの友だちについて情報交換することで、繰り返しインプットに触れアウトプットすることになります。クラスメートによって内容が異なるため、インプットに集中して肯定文なのか否定文なのかを判断しなければなりません。また、繰り返してアウトプットすることで形式・意味・機能のマッピングの強化につながります。

　この有意味ドリルはさまざまな文型練習に使えます。たとえば、If I had a million dollars, I would 〜 のような条件文を練習するとき、生徒は主節の動詞句を補って自分の願望を表現します。願望はひとりひとり違うので、クラスの中で発表させることでこの文の産出には意味伝達が伴います。クラスの中でお互いに質問させるのも一案です。その際、ひとりが What would you like to do if you had a million dollars? と尋ねてもうひとりが回答するように指示すれば、生徒は同じ文型をクラスメートから繰り返し聞き（インプット）、自分も繰り返し発話（アウトプット）することになります。

　情報交換を通して文法項目を練習するアクティビティのひとつに**インフォメーション・ギャップ活動**（information-gap activity）があります。ペアが各自異なる情報を持ち、インタラクションを通して問題解決をしていきます。たとえば、お互いのスケジュールを見ながら映画に行く曜日と時間を決めたり、一見して同じに見える絵をお互いに説明しながら異なる個所を見つけたりするアクティビティがよく用いられます。また、Find Someone Who も生徒数が多い日本の教室指導では有効でしょう。まず教師が特定の文型あるいは文法項目を選び、Find someone who 〜 の後にその項目を書きくわえます。たとえば、現在完了形が練習項目であれば Find someone who has taken piano lessons for 7 years. といった命令文をいくつか準備します。そして、各生徒にひとつ配布し、生徒は自分が与えられた文を適切な質問文にしてから、

クラスメートの誰かが Yes と答えるまで質問を繰り返し尋ねます。これも先ほどの練習同様、インプットとアウトプットを繰り返すことになります。

その他コミュニケーション活動を意図したアクティビティには**ジグソー活動**（jigsaw activity）、**推測活動**（guessing activity）、**順位付け活動**（ranking activity）などがあります。ジグソー活動は4名ほどのグループで各自が異なる文（あるいは短い段落）が書かれた紙片をもらい、まず自分で内容を検討します。続いてひとりひとりが紙片にある文あるいは段落を読み上げ、グループ全体で順番を決めて最終的にまとまった文章にします。続いて、推測活動とは、たとえばひとりの生徒が好きな歌手を選びグループの仲間が質問することでその人物が誰であるかを当てる活動です。この活動では、質問する際に be 動詞や一般動詞の Yes-No 疑問文（Is he tall? や Does he run fast? など）を使うように指示することができます。正解（人物が誰であるか）に至るまで無制限に質問させてもよいのですが、質問数をたとえば20に限定してそこから正解を推測させてもよいでしょう。

順位付け活動は、砂漠あるいは電気も水もない離れ小島に行くことになり3つだけ持っていけるとしたら何を選ぶかを、ペアあるいはグループで話し合って決めていく活動です。選ぶ過程を英語で行うことでインプットとアウトプットの量を増やせるのですが、生徒の英語力によっては情意フィルター[2]をあげてしまう恐れがあります。その点を留意して、あらかじめ語彙リストや文型（たとえば、I would like to bring 〜 because……、It is necessary for us to bring 〜 because……）を与えておくこともできます。

形式練習をしつつ意味伝達により重点を置く場合、インタラクションの中で特定の文法項目を使いながらまとまりのある文脈を作り上げていく言語活動の方法があります。たとえば、「自分たちの学校を作るとし

---

[2] 情報フィルターについては p. 146 の注3を参照してください。

たら、どのような学校にしますか」というテーマで、グループ（3〜4名）で理想の学校について相談させます。その際、助動詞 should, must, can の使用を言語的目的とし、自分の意見や提案を述べるときはいずれかを使うように指示します。そして、意見や提案を述べるときは、必ずその理由や根拠（たとえば、なぜ自分たちが作る学校の生徒に制服は要らないと提案するのか）も付け加えることにします。自分の提案や意見を相手にわかってもらうためには順序良く説明することが求められますので、文レベルにとどまらずディスコース・レベル[3] での練習にもなります。そのため、まず各自で提案と理由を書いてからグループ・ディスカッションに移っても良いでしょう。ディスカッションの後はグループが理想とする学校について作文を書かせ、次の授業で口頭発表させます[4]。

　上述の練習では使用する文法項目を指定しましたが、意味伝達を最たる目的とする場合、特定の文法使用は決めずタスクを課します。ことばでのやり取りを通してテーマに取り組む点では先の練習方法と同じですが、決められた文法項目はなく語彙、文型、文法項目の選択は生徒の自由です。

　特定の言語形式を指定しないコミュニケーション活動は指導前と指導後の導入で異なる効果が考えられます。指導前であれば、インタラクションを通して生徒は現在の中間言語で何がうまくできないかに気づくと考えられ、指導後ではこれまで学習した語彙や文法を使って言語活動に取り組むことで、形式・意味・機能の結び付きが強化されると期待できます。

　このように学習者が与えられた課題を達成するために英語を使ってコミュニケーションを行うアクティビティは、英語の運用能力を伸ばす点において有効です。日本の英語教育でもこのようなアクティビティが導

---

[3] ディスコースとは、一文より長く、かつまとまりのある話しことばや書きことばを指します。

[4] 書く作業は時間を要するため自宅学習にします。また、一回の授業ですべてのグループに口頭発表をさせる時間はありませんし、生徒も同じ活動ばかりでは途中で飽きてしまいます。そこで、一回の授業で発表するグループの数を制限したり、グループ間でお互いの発表をさせたりします。

入されるようになってきているのですが、実際には日本人英語学習者の多くが適切にインタラクションをしてアクティビティを完結するまでに至っていません。その理由には、教師が中心となって文法説明を行っていることや文法知識が練習問題を解くための知識と捉えられていることがあげられます。また、文法説明と文法練習に限られた授業時間を費やしてしまい、結果インタラクションを行う余裕がないことも一因でしょう。さらに、コミュニケーション能力を向上させなければならないという思い（ほぼ強迫観念）から、文法の練習問題の後、十分に段階的な練習をさせることなく生徒に学習言語でアウトプットをさせようとしてしまいます。つまり、形式練習から意味伝達を意図した言語活動への段階的移行を経ずまた十分な準備段階もなく、形式か意味伝達かという二者選択の練習形態になっているのです[5]。そこで、形式練習と意味伝達のどちらか一方に偏るのではなく、より形式に焦点をあてた練習と情報伝達をより重視した練習をバランスよく取り入れることに留意します。

3．文法練習の作成と実施：なぜ文法練習がうまくいかないのか

文法練習を行う目的はさまざまですが、必ずしも教師が意図した成果をもたらすとは限りません。教師が「うまくいかなかった」と判断する理由はいくつかあります。たとえば、手順を生徒がよく理解していなかった、生徒が予定した時間内に終わらなかった、練習したにもかかわらず生徒は新出の文法事項を理解できていなかったなどです。しかし、こうした結果は教師が練習を考えるときに見落としているポイントがいくつ

---

[5] こうした日本の英語教育の実情を考慮して、高島はタスクを志向した活動（Task-Oriented Activity, TOA）とタスク活動（Task Activity, TA）を提案し、形式練習から意味伝達のためのコミュニケーションを重視した言語活動へ移行する段階にこれらを位置づけています。高島（2005, 2011）ではTOAとTAの具体例がいくつか紹介されています。TOAはモデル・ダイアログや使用する文法構造などが指定されている点で、TAとタスクと異なります。また、TOAとTAは目的達成のために何をどのように行えばよいかの指示がある点で、タスクと異なります。これら3つの相違は高島（2005）の10ページから12ページを参照してください。

かあることを示唆します。そこで、練習問題をする前に、次のチェックポイントを確認してみてください[6]。

> ポイント１：特定の文法項目だけに集中して練習できるようになっていますか。

　たとえば、現在完了形を教えるとき、過去形と区別するための練習としてふたつの形式を使った文章を提示して、それぞれが使われている状況設定からどのようなときに現在完了形を使うかを生徒に導き出させる練習をすることがあります。しかし、これは返って生徒が混乱したり母語に訳そうとしたりするので、本来の練習目的が達成されません。そこで、あえて過去形との対比はやめて絵を見せながら What has happened? と単刀直入に質問するほうが、生徒は現在完了形に集中できます。

> ポイント２：手順は容易に理解できて目的は達成しやすい練習になっていますか。

　特定の文法項目を正しく繰り返し練習することが文法練習のねらいですので、それほど困難なく文法項目が正しく練習できることが前提です。したがって、手順が複雑だと目標とする文法項目が十分練習できない、あるいは形式・意味・機能の誤ったマッピングをしてしまう可能性があります。また、比較的容易に練習のゴールが達成されれば生徒のやる気や自信にもつながります。

> ポイント３：練習量は適切ですか。

　練習は十分な量を行うことが必要です。SLA の認知プロセスの点から、練習量が少ないと文法項目の内在化や統合が促進されず、また、自動化も進みません。ですから、生徒が与えられた練習をうまくやれたと

---

[6] Ur (1991, 2009) を参考にしています。

しても、練習量が少ないと学習にはつながりません。

　文法練習がうまく行かない原因はいくつか考えられますが、中でも案外見落とされているのが、生徒との情報共有の欠如です。

> ポイント4：練習をする目的をはっきり伝えていますか。

　練習の目的について説明するとき、使用する形式や文法項目を強調しがちですが、言語面だけでなく運用面についても説明します。つまり、「どのような形式」を使って「何を伝えなければならないか」を明らかにしておきます。たとえば、形式的には過去形の練習が、運用面では週末の出来事を伝える意味伝達の活動であることを生徒に理解させます。また、対話練習において「通じればよい」という態度で、単語や語句のみを使って返答する生徒が見受けられます。そうした生徒には、形式練習も重要であることを説明し、必ず文で回答するように指導します。たとえば、比較級を使って家族のことについて情報交換する場合、Who is older, you or your brother? と聞かれた時に、Me や My brother だけで済ませるのではなく、必ず I am older than him. あるいは My brother is older than me. と比較級を使って返答することをクラス全体で共通認識しておきます。

> ポイント5：手順を理解させるために十分デモンストレーションを行っていますか。

　生徒が何をどうすればよいのかをよく理解して練習に臨むことは、練習を効果的にするための前提条件のひとつです。そこで、生徒が手順を理解できるように、教師が実際にアクティビティをやってみせたり、数人の生徒にさせてみたりして、練習を始める前に必ずクラスの前でデモンストレーションを行います。

> ポイント6：アクティビティの終了について明確に説明していますか。

何分で終了するか[7]、結果は紙に書くのか、グループでまとめるのか、アクティビティが終わったらどうするのかなどについて最初に説明しておくことも、練習を完結させるために大切です。特に時間が制限されると生徒も時間内に終了しようとして、授業運営にメリハリがつきます。

　上述の点を参考にしながら、これまでうまくいかなかった練習問題を検討してみてください。また、この次にうまくいかなかった場合も異なる角度からその理由を探ってみてください。

【この章のポイント】

- 「機能」という概念を理解することが大切である。
- 形式を重視した文法練習であっても意味伝達を考慮することが必要である。
- 形式中心の練習からすぐコミュニケーションに特化した言語活動に移るのではなく、段階的に意味伝達に重点を置いたアクティビティに移行していく。
- 文法練習が思ったほど効果的でないのは、手順や練習量に問題がある、あるいは目的や手順について生徒の理解を確認していないことが原因として考えられる。

---

[7] 終了の時間を口頭で伝えても、全員が気づかないことがあります。筆者の知り合いのイギリス人教師はベルやタンバリンを使っていました。

第6章

学習者の「誤り」から見えてくるもの

　ある中学校の英語の先生から「夏休みの二週間をかけた補習で、何度も三単現を説明したのに、結局いつまでたっても-sがつけられない生徒がいます。」という嘆きを聞いたことがあります。時間をかけ繰り返し説明しているにもかかわらず、生徒が同じ誤りを繰り返す原因はどこにあるのでしょうか。説明の仕方に問題がある、生徒が説明を聞いていないなどが理由としてあげられるかもしれません。それでは、教師の教え方や生徒の授業態度が改善されれば誤りはなくなるのでしょうか。そこで、この章では生徒の「誤り」を取りあげます。まずこれまでの誤り研究を概観し、先行研究からわかったことを教室指導につなげていきます。そして、SLA研究が報告している文法習得順序について解説し、訂正が生徒の誤りにもたらす効果についても先行研究を紹介しながら見ていきます。

1.「誤り」をめぐるこれまでの研究：誤りの研究から何が見えてきたか

　ここでは、誤りをめぐるこれまでの研究から、誤りがどのように取り扱われてきたのかを概観していきます。まず、1950年代から70年代にかけての誤りをめぐる研究の流れを図式化（図6．1）してみます。

　1950年代から1960年代にかけて、**対照分析仮説**（Contrastive Analysis Hypothesis）[1]に基づく研究が盛んに行われました。この仮説は、外

---
[1]　Lado（1957）

第6章 学習者の「誤り」から見えてくるもの

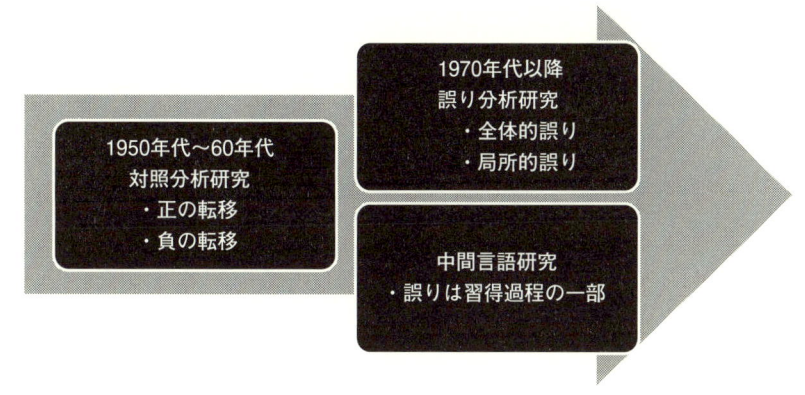

1950年代〜60年代
対照分析研究
・正の転移
・負の転移

1970年代以降
誤り分析研究
・全体的誤り
・局所的誤り

中間言語研究
・誤りは習得過程の一部

図6.1 「誤り」をめぐる研究の流れ

国語と学習者の母語に見られる言語上の類似点と相違点から、生徒がどのようなところで誤りを起こしやすいのか、また文法の中で学習者にとって難しい項目はどれで易しい項目はどれかを予測できるというものです[2]。外国語を学ぶ場合、大人の学習者はすでにひとつの言語（母語）を習得しています。ですから、外国語を学習するとき、意識するか否かに関わらず、母語の知識（文法規則や語彙など）と比べてしまうことがあります。その際、学習者の母語と学ぼうとする外国語が言語的に似ていればプラスに働きますが、異なっていればマイナスになって誤りを起こすと考えられます。このように母語など他の言語が第二言語の学習に影響することを**言語転移**（language transfer）と呼びます。図6.2を見てください。

母語と外国語に類似点（図6.2の重なっている部分）があれば、母語の知識は**正（＋）の転移**をします。この場合、母語と外国語の似ている部分をそのまま利用できるので、類似した文法項目の学習は、比較的簡単であると考えられました。たとえば、下の（1a）のような所有格 -'s の場合は、（1b）に示すように日本語にもこれに対応する「の」があ

---

[2] Stockwell, Bowen, & Martin (1965)

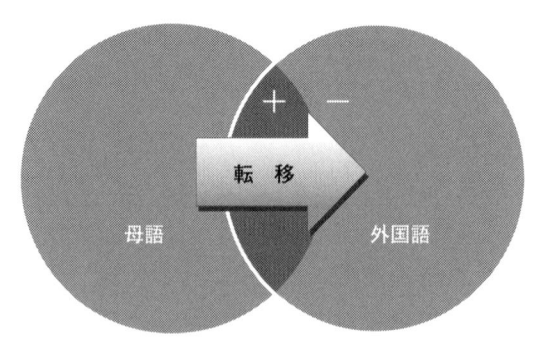

図6.2　母語から外国語への転移

り、名詞 Mary/メアリーと book/本の語順も同じであるため、正の転移が起こり、比較的簡単に -'s が使えるようになると予測できます[3]。

（1）a. This is Mary's book.
　　　b. これはメアリーの本です。

一方、母語にない音や文法を使う場合、あるいは同じ概念を学習言語では異なる言語規則で表現する場合、負（−）の転移が起こることがあります[4]。対照分析仮説によると、この負の転移が生じる場合に学習者

---

[3] 実際は、本章第4節で触れる *soccer club's captain や *this John's book（横田 2013）という過剰転移の例もあります。また、表面的に似ているけれど学習や習得が難しい場合もあるため、注意が必要です。この点については、第2節で触れます。

[4] 同じ概念を異なる言語規則で表現する一例として、「能力がある」という意味を英語と日本語では異なる言語形式で表現する場合があげられます。英語では助動詞 can＋動詞で表現しますが、日本語では文の内容によって「できる」という動詞だけで表現できます(以下の例を参照)。
　　［英語］　Mary can speak German.
　　［日本語］メアリーはドイツ語ができる。
　それほど事例は多くありませんが、日本人英語学習者が書いた作文には助動詞 can だけで動詞が存在しない誤った英文（たとえば、Mary can German. など）を見ることがあります。これは、日本語の言語形式を英語に転用し、英語の can も日本語と同じように動詞として誤って解釈してしまった負の転移といえます。

は誤りを起こすと予測されました。たとえば、日本語には冠詞がないので、日本語を母語とする学習者が英語を学習する場合、負の転移が起こり、a や the といった冠詞の習得は難しく、誤りを起こしやすいと予測できます。

このように対照分析仮説では、母語と外国語との間に相違があるところで学習者は誤りを起こしやすく、その部分の習得は難しいと考えられました。しかし、実際、学習者の誤りを分析してみると、その誤りは必ずしも母語との相違だけで説明できるものではありませんでした。誤りの中には、学習者の母語に関係なく共通して見られる誤りや、大人の第二言語習得の過程だけでなく、幼児の母語習得の過程でも見られる誤りが観察されました[5]。このことから、母語と外国語の言語上の違いだけが誤りの原因とはいえないことがわかってきました[6]。

そのため、1970年代を中心に誤りそのものを詳しく分析する**誤り分析**（error analysis）が行われるようになりました。誤り分析では、不注意などによる**間違い**（mistake）と、規則的に起こる**誤り**（error）を区別しました。さらに、意味の理解には問題が生じない程度の語の選択や文法の誤り（例：下記2a）を**局所的誤り**（local error）、語順の間違いや語彙の不適切な使用や脱落などにより伝えようとする意味が理解できないもの（例：下記2b）を**全体的誤り**（global error）として分類しました。

---

[5] 成人第二言語学習者の go の過去形の習得において、went-went/goed/wented-went という発達段階が観察されることがあります（Rumelhart, Hinton, & McClelland 1986）。その途中の goed/wented という -ed の過剰般化は割合としては非常に低く比較的長期間にわたって観察されるものですが（白畑・若林・須田 2004, pp. 59-63）、母語習得でも同様の現象が観察されています（Kuczaj 1977; Marcus, et al 1992; Pinker 1999）。

[6] Corder (1967), Brown (2007)

（2）局所的誤りと全体的誤りの例[7]
  a. *I go to Tokyo yesterday.
  b. *We arrived Disneyland, and I got the shopping with my friends. <u>Because it is crowed to approach the last time</u>. We took first "Pirates of the Caribian."

 誤りをこのような形で分類することは意義のあることです。しかし、学習者は自信のない文型や表現などを使わずに**回避**（avoidance）する傾向があることもわかってきました。実際、日本語や中国語を母語とする英語学習者は、他の言語母語話者よりも関係節の使用を避ける傾向があるようです[8]。その場合、学習者が関係節を使用しないため、正しく使えるのかを確認できないので、その文法項目の習得は判断できません。

 また、誤り分析によって、誤りを記述し分類するということはできましたが、なぜそのような誤りが起こるのか、またどのような種類の誤りなのかを厳密には判断することが難しいこともわかってきました。たとえば、日本語母語話者である初級英語学習者の誤りを観察してみると、以下の（3a）のような誤りがよく見られます。しかし、学校の教科書などにはこのような間違った英語は当然出てきませんから、インプットとしてこの文に触れることはないわけです。したがって、これはインプットが原因の誤りではありません。また、英語の（3c）と日本語の（3d）は文法的に正しい文ですが、（3a）と（3b）はいずれも誤りです。したがって、学習者は母語でもこのような文を作ることはないとわかります。つまり、（3a）の誤りは母語からの負の転移としても説明することはできません。

---

 7 白畑ほか（2009, p. 124）文頭の * は、その文が文法的に間違っていることを表します。
 8 Schachter（1974）

（3）a. *Whose did you read book?
　　　b. *誰のあなたは本を読みましたか。
　　　c. Whose book did you read?
　　　d. あなたは誰の本を読みましたか。

このように誤りのメカニズムがはっきりしなければ、的確な分類が困難あるいは不可能になってしまいます。しかし、誤り分析ではメカニズムの解明までには至りませんでした。

　そこで、そのようなメカニズムを解明しようとするのが、次に紹介する**中間言語**（interlanguage）[9] の研究です。中間言語の考えでは外国語学習者の誤りを、母語や最終的に到達する目標言語とは異なる、発達途上にある学習者言語とみなしています。たとえば、以下の（4）は正しい否定文ができるようになるまでの発達段階を表しています。

（4）「否定」の発達段階[10]
　　　第一段階　No bicycle.
　　　　　　　　I no like it.
　　　　　　　　Not my friend.
　　　第二段階　He don't like it.
　　　　　　　　I don't can sing.
　　　第三段階　You can not go there.
　　　　　　　　He was not happy.
　　　　　　　　She don't like rice.
　　　第四段階　It doesn't work.
　　　　　　　　We didn't have supper.
　　　　　　　　It doesn't went there.

段階毎に見るとどれも「誤り」ですが、全体を通して見ると誤りの特徴が変化していることがわかります。否定したい語句の前に no や not を置く第一段階、人称や数、時制を無視して全てに don't を使用する第二

---
[9] 【本書を読む前に】（6）中間言語を参照してください。
[10] Lightbown & Spada（2013）

段階、don't の誤用は残るものの否定語を助動詞に後続できるようになる第三段階、さらに誤用は残るものの人称、数、時制に応じた否定語の使用が見られる第四段階へと移行するにつれ正用へと近づいています。学習者は決していつまでも同じ誤りをしているのではなく、習得が進むにしたがってその誤りは変化していきます。こうして、誤りを中心に扱ってきた誤り分析に、学習者が目標言語を習得していくプロセス全体を捉えようとする中間言語の研究視点が加わります。

2．「誤り」研究からの示唆：教室指導で何を留意するべきか

　それでは、これまでの誤りに関する研究、特に対照分析と誤り分析からわかったことをどのように教室指導に活かせるのかを考えてみます。まず対照分析研究の正負の転移から、外国語を学習する際に母語が影響することを留意して、学習者がなかなか理解できない、あるいは身につかない文法があることを理解します。上述したように、日本語を母語とする学習者に関しては、所有格 −'s には正の転移が働き、冠詞（a/the）には「負の転移」が働くと予測できます。また、日本人英語学習者にとって /r/ と /l/ の聞き分けが難しいのも、日本語にはその音韻的区別がないことから負の転移だといえます。必ずしも誤りは母語の影響だけで説明できないことはすでに述べましたが、それでも日本語と英語の対比は文法指導に有益です。正の転移が働くと考えられる項目には、それほど指導に時間をかけなくてもいいかもしれませんし、負の転移が働く場合には、それなりの時間をかけて、説明や練習を行う必要があると考えられます。

　ただし、表面的に似ているからといって必ずしも正の転移になるとは限らないので、注意が必要です。たとえば、英語の進行形を教える際に、図6.3のように、-ing は動作の進行を意味し日本語の「―ている」と同じだと説明するのが一般的でしょう。

―ている ＝ be ＋ -ing

図6.3　現在進行形の説明例

ところが、日本語の「―ている」と英語の -ing は一対一の対応をするわけではありません。たとえば、英語の He is dying. は、日本語で「彼は死んでいる」とはならず、「彼は死にそうだ」という表現になります。

```
                        死んだ時点
─────────────────────────┼─────────────────────────▶
        He is dying.              彼は死んでいる。
```

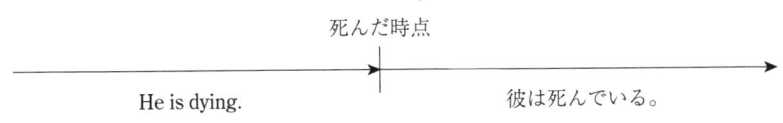

図6.4　英語 -ing と日本語「―ている」の相違点

図6.4に示すように、英語の -ing と日本語「―ている」は時間軸上の異なる範囲を指しています。前者は死んだ時点に至るまで、後者は死んだ後の様子を表現しています。つまり、英語と日本語では意味が重なる部分（進行形）と重ならない部分（動作が完了する前と後）があるのです。教育現場の文法指導では意味が重なった部分（進行形の用法）を先に教えるのが一般的です。動詞に形態素を付加する法則と進行の意味は日本語と同じであることから、英語の進行形はそれほど難しい文法項目ではありません。しかし、重なった部分が逆に負の転移を引き起こす可能性があります。進行の意味が同じであることから、英語の -ing と日本語「―ている」の用法が全く同じであると誤った理解をしてしまい、重ならない部分で誤りをすると考えられます。つまり、表面的類似が必ず正の転移を起こし学習を容易にすると結論づけることは危険であり、文法指導を考える際には英語と日本語の言語的特徴を十分に検討する必要があります。この意味で英語教師は英語の文法だけでなく、日本語文法に関する知識も持っているべきだと思います。

　次に、誤り分析研究からの示唆を考えてみましょう。先に説明したように、誤り分析研究では、誤りを局所的誤りと全体的誤りに分類しました。次の例文を見てみましょう。

（5）a. *John play basketball every day.
　　　b. *We goed to France last year.
　　　c. *Her friend met yesterday.
　　　d. *Tokyo went with my family.

（5a）の play は三人称単数現在-s の脱落、（5b）の goed は不規則動詞 go に規則動詞の過去形-ed を誤って付加した例ですが、いずれも意味理解に問題が生じない局所的誤りです。一方で、目的語が表現されていない（5c）と場所が主語の位置に現れている（5d）は意味理解に困難が生じる全体的誤りです。

このように誤りは大まかに局所的と全体的の2つのタイプに分けられますが、中学校や高校の教育現場では、「中学校で学習する文法事項を身につけること」が強調され、形態素が正しく使えていない（5a）や（5b）のような局所的誤りを徹底的に訂正することが多いようです。生徒が局所的な「中学文法」の誤りをする度に徹底的に訂正するほど神経質になりすぎるよりも、コミュニケーションに支障をきたす全体的誤りを適宜指導する方が言語運用能力の向上にはプラスだと考えられます。

3．習得順序の存在：なぜ訂正しても誤りが直らないのか

生徒の「誤り」を観察していると、そこに共通するパターンを発見することがあります。先に説明したように、誤りの中には日本語からの転移と考えられるものとそうでないものとがあります。後者の場合、日本語母語話者に限らず、他の言語を母語とする学習者にも見られる「誤り」があります。つまり、英語を学習する人が共通しておかす誤りです。さらに、文法項目によって、誤りの頻度が高いものとそうでないものがあることもわかっています。1970年代から80年代にかけて、英語の母語習得と第二言語習得において、形態素習得の難易度には一定の順序が存在するという興味深い発見がありました[11]。

まず、1970年代に、母語の習得には順序があるという研究結果が報告されました。次の表6．1は、1から9に向けて習得が難しくなっていくことを示しています。

---

[11] 本節で扱う文法形態素とは、他の語に付着するか隣接することで文法機能を果たす拘束形態素と呼ばれるものです。習得順序で扱われる形態素は主に表6．1に示されたものです。

表6.1　英語を母語とする文法形態素習得順序[12]

```
1．現在進行形（-ing）
2．複数（-s）
3．不規則過去（went など）
4．所有格（-'s）
5．連結の be 動詞（例：This is hot.）
6．冠詞（a, the）
7．規則過去（-ed）
8．三人称単数現在（-s）
9．助動詞の be 動詞（例：She is playing tennis.）
```

　それでは、第二言語習得ではどうなのでしょうか。研究の結果、母語が異なっていても、学習者は類似した習得過程をたどるということがわかりました[13]。この種の一般的な研究方法は、発話の中で特定の形態素が必要となる言語コンテクストで[14]、正しくその形態素が付与されているかを調べたものです。下の表6.2は、さまざまな母語の学習者を対象として行われた研究をまとめ、難易度を4段階に分けたものです[15]。段階Ⅰの項目は比較的習得が易しく、順にⅣの項目に近づくほど、習得が難しくなることを示しています。

表6.2　第二言語における文法形態素習得順序

Ⅰ	現在進行形（-ing）／複数（-s）／連結の be 動詞
Ⅱ	助動詞の be 動詞／冠詞（a/the）
Ⅲ	不規則過去（went など）
Ⅳ	規則過去（-ed）／三人称単数現在（-s）／所有格（-'s）

---

[12] Brown (1973)
[13] Dulay & Burt (1974) など
[14] Obligatory context といわれます。たとえば、「ジョンは毎日3マイル走る」を英語で発話しようとするとき、John が三人称単数、every day が現在という条件にあてはまることから、三人称単数現在の文法規則にしたがって動詞に -s を付加しなければなりません。
[15] Krashen & Terrell (1983)

さらに、日本の英語教師にとって最も気になる日本語を母語とする英語学習者の習得順序の研究も、主に80年代に盛んに行われました[16]。ここでは Shirahata (1988) の結果を紹介します（表6．3を参照）。

表6．3　日本語母語話者による英語の文法形態素習得難易度[17]

1．連結の be 動詞
2．現在進行形　(-ing)
3．所有格　(-'s)
4．助動詞の be 動詞
5．複数　(-s)
6．不規則過去　(went など)
7．冠詞　(the) ／三人称単数現在　(-s)
8．規則過去　(-ed)
9．不定冠詞　(a)

表6．2と表6．3を見ると、現在進行形-ing は比較的容易に習得され、規則過去-ed や三人称単数現在-s は習得が難しいことがわかります。一方、表6．3は、日本語母語話者にとって所有格 -'s の習得は比較的容易で、不定冠詞 a は難しいという特徴を示しています。これは先に述べたように、前者は母語からの正の転移、後者は負の転移が関わっていると考えられています[18]。しかし、このような母語の転移を除けば、異なる母語を持つ英語学習者の間に共通の習得難易度の順序があることは不思議なことです[19]。また、表6．2と表6．3で示した文法項目は、日本では中学校で学習するものですが、その難易度の順番は教師

---

[16]　Hakuta (1974), Makino (1980), Koike (1983), Tomita (1989) など
[17]　Shirahata (1988)
[18]　寺内 (1996), Luk & Shirai (2009)
[19]　このような習得順序になる理由については、現在のところ、①インプットの頻度 (frequency in the input) ②音韻的顕在性 (phonological saliency) ③意味上の複雑さ (semantic complexity) ④形態-音韻的規則性 (morpho-phonological regularity) ⑤統語範疇 (syntactic category) の５つの要因が複合的に働いていると考えられています (Goldschneider & DeKeyser 2001)。

の説明の仕方や指導法、また教科書に出てくる文法項目の順序や頻度にも関係はないようです[20]。つまり、こうした外的要因によって文法項目の習得難易度が変わることはないということです[21]。

さらに、中学校で学習する文法項目は必ずしも習得が早く容易であるわけではありません。たとえば、三人称単数現在-sや規則動詞の過去形-edは用法も比較的明確で、ことばで説明するのもそれほど困難な文法項目ではありません。しかし、学習が容易な文法項目が必ずしも習得が易しいわけではないことが、以下に紹介するパティの発話を研究した結果からわかります[22]。

中国語を母語とする英語学習者である彼女は、22歳のときにアメリカへ移り住み、アメリカの大学院で学位も取りました。アメリカに移ってから10年後に1度、18年5カ月過ぎたところで2度、彼女の英語による発話が録音され、それらは文字データとして書き起こされ、その中に出てくる形態素の使用状況が分析されました。その結果は表6.4のとおりです。この表にある括弧内のパーセントは、発話の文字データの文脈からそれぞれの形態素が必要になる英文を数え、その合計数を分母にし、実際に正しく使えている英文を分子として、その比率を示しています。たとえば第1回目の発話では、三人称単数現在（三単現）-sを必要とする文が42あり、そのうち2つに正しく-sが付与されていたことがわかります。そして、括弧内の5％がその比率です。

表6.4には興味深い結果が現れています。3回の分析のうちいずれの回でも、パティは代名詞の格（主格I/she/he、目的格me/her/him、所有格my/her/hisなど）や副詞・否定語の位置ではほぼ完全に正しく使うことができています。一方で、すべての回を通して、過去形は35％ほど、三単現は0％か5％であり、正しく使用できている割合は

---

[20] Tomita (1989)
[21] Shibata, Shirahata, & Taferner (2013), Shirahata, Shibata, & Taferner (2013)
[22] Ladiere (1998a, 1998b, 2000)

極めて低くなっています。このように、パティはアメリカの大学院を修了するほどの英語力を持っているにも関わらず、初級レベルで学習する過去形と三単現が正しく使えないことがわかります。

表6.4　パティの義務的なコンテクスト[23]における「正しい発話数/全発話数（％）」

英語発話サンプル	過去 例　was, got, want-ed	代名詞の格 例　she, her	三単現 例　want-s	副詞・否定語の位置 例　*She reads often books. *She reads not books.
第1回	24/69（35%）	49/49（100%）	2/42（5%）	69/69（100%）
第2回	191/548（35%）	378/378（100%）	0/4（0%）	122/123（99%）
第3回	46/136（34%）	76/76（100%）	1/22（5%）	42/42（100%）

　第二言語としての英語の形態素の過去形、三単現の習得の難しさは、トルコ語母語話者の子ども[24]、ロシア語母語話者の子どもにおいても報告されています[25]。また、20歳以降にアメリカに移り10年以上住んでいる日本人とスペイン人の文法形態素の使用を調べた研究でも、両者のグループにとって過去形と三単現の習得が困難である結果となりました[26]。これらの調査結果は、比較的容易だとみなされている文法項目にも、年齢や豊富なインプットに関わらず、その習得が困難なものがあると示唆しています。

　上述した形態素習得順序に関わる研究結果を日本の英語教育にあてはめると、中学校で学習することになっている文法項目の習得が必ずしも容易で早いわけではないことになります。したがって、中学校や高校の教室指導において、三単現や過去形が正しく使用できないからといっ

---

[23] 本章の注14を参照してください。
[24] Haznedar（2001）
[25] Ionin & Wexler（2002）
[26] Stauble（1984）　日本語母語話者を対象に行った研究にはOkuwaki（2002）、坂内（2006）などがあります。

て、「基本ができていない」とは一概にいえないのです。さらに、文法項目の習得順序や難易度は、比較的容易に習得できる文法項目もあれば難しい項目があることを示唆しています。この点から、授業の中で繰り返し説明や練習をしても、またどんなに訂正をしても、すぐには身につかない文法項目があるということを英語教師は留意するべきでしょう。そして、すべての文法項目に正用を求め、貴重な授業時間や生徒と教師の労力を費やすことが、どれほどコミュニケーション能力を向上させることに有益なのかを考えてみてください。文法項目は自然な習得順序に従って身についていくようですので、訂正しても誤りがなかなか減らないのは、必ずしも英語教師の説明が悪いわけでも、生徒が聞いていないわけでもないのです。

　ここでは、すべての文法項目が同じ速さで身につくのではなく、誤りを繰り返す文法項目と比較的容易に早く正用できるようになる文法項目があることを解説しました。それでは、明示的な説明や訂正をすれば、生徒は誤りをしなくなるのでしょうか。その効果の検証を次に取りあげます。

4．説明と訂正の効果：明示的指導法は誤りに効果があるのか

　生徒の誤りを訂正するために、日本では授業の中で明示的説明や練習を繰り返すことが多いようです。第4章73ページでも取りあげたように、教室でのSLAでは暗示的指導法より明示的指導法のほうが効果的であることが報告されています[27]。実際にそれらがどの程度誤りの訂正に効果的なのかを、研究結果を参照しながら探ってみましょう。

　ホワイト（Lydia White）は、英語集中プログラムを受けているフランス語母語話者を対象に、指導をすれば彼らが英語の副詞を正しい位置で使用できるようになるのかを調べました[28]。

27　明示的指導法と暗示的指導法については72ページの図4．3を参照してください。
28　White（1991）

（6）a. Mary *rapidly* ate her dinner.
　　b. Marie a mangé *rapidement* le dîner.

英語は、(6a) のように動詞（過去形 ate）の前に副詞 rapidly を置き、フランス語は、(6b) のように動詞（過去形 mangé）の後ろに副詞 rapidement を置くという違いがあります。この違いから、フランス語を母語とする英語学習者は、誤って英語の副詞を動詞の後ろに置いてしまう可能性があります。ホワイトは、フランス語母語話者を2つのグループに分け、それぞれ異なる指導を行いました。ひとつのグループには英文のどこに副詞を置くかを明示的に説明し、練習で間違った場合は誤りを直接指摘し訂正をしました。もうひとつのグループは、副詞が含まれる文を疑問文に変換させることで、副詞の位置に学習者の意識が向くように指導を行いました。こちらのグループにはその後も一切副詞の位置について明示的な説明は行いませんでした。前者を直接指導・訂正グループ、後者を間接指導グループとします。指導の効果は、学習者が指導を受けてから2週間後、5週間後、1年後の3回にわたってテストを実施して調べました。分析の結果、1回目と2回目のテストは予想通り圧倒的に直接指導・訂正グループのほうがよくできていましたが、1年後のテストでは、両者に差はなくなっていました。この結果は、説明や訂正を行う指導方法は短期的には効果があっても、その効果は持続しないことを示唆しています。

　また、フランス語母語話者に対し、英語の複数形を明示的に指導する方法とパターン・プラクティスを使った反復練習の方法を比較した研究が行われました[29]。その結果、上記のホワイトの研究結果と同様に指導直後には効果がありましたが、時間が経過すると効果がなくなっていました。

　それでは、「誤り」に対する明示的説明や訂正はすべての文法項目に効果がないのでしょうか。この疑問に、白畑の調査が興味深い回答を示

---

[29] Lightbown (1983, 1987)

してくれます[30]。42名の学習者を対象に、ライティングにおける（7）のような5項目の誤りに対し明示的説明を行い、その効果を3カ月後と10カ月後に比較しました。

（7）説明を行った項目とその誤り例
    a.［because の用法］
        I was at home yesterday. *Because it was raining.
    b.［recently の用法］
        *Recently I am very busy.
    c.［所有格 -'s の用法］
        *Our club's captain is from Fukui Prefecture.
    d.［動詞の三人称単数現在の-s］
        *My sister live in Hokkaido.
    e.［動詞の過去形］
        *We eat ramen in Yokohama yesterday.

表6.5は、指導をする前と指導から3カ月後と10カ月後に調べた誤り率を表しています。

表6.5　直接指導の前と後の5項目の誤り率

調査項目	指導前	指導の3カ月後	指導の10カ月後
because	18/35 (51.4%)	3/28 (10.7%)	2/31 (6.5%)
recently	18/20 (90.0%)	2/23 (8.7%)	3/31 (9.7%)
所有格	12/38 (31.6%)	7/33 (21.2%)	5/28 (17.8%)
三単現	10/25 (40.0%)	16/46 (34.8%)	13/32 (40.6%)
動詞過去形	30/82 (36.6%)	31/96 (32.3%)	30/92 (32.6%)

結果から、指導前には、because の誤り率は51.4%（35回の使用のう

---

[30]　白畑（2008）　表6.5も白畑の調査。

ち18回が誤り）でしたが、指導の3カ月後に10.7%（28回中3回が誤り）、10カ月後には6.5%（31回中2回が誤り）まで減りました。また、recently は指導前には20回中18回（90.0%）の誤りがあったものの、指導後には8.7%（3カ月後）と9.7%（10カ月後）までに減少しており、どちらも大幅に減少していることがわかります。所有格 -'s の誤りも38回中12回（31.6%）から3ヶ月後には33回中7回（21.2%）、10ヶ月後に28回中5回（17.8%）と減少しています。ところが、三単現と過去形の誤りは、どちらも3回のライティングで30%台あるいは40%から減少することはなく、長期的に見るとほとんど変わっていません。このことから、先に紹介した英語の副詞の位置と複数形の研究結果からの「文法項目に対し説明や訂正が長期的には効果がない」という結論付けはすべての文法項目にあてはまらないことになります。つまり、明示的指導と訂正が効果的でないというよりは、文法項目によってその効果が異なる可能性が高いわけです。

　さらに、この調査結果をよく見てみると、「意味」が深く関与する because や recently は比較的直接訂正の効果がはっきりと現れています。一方、意味理解に支障をきたさない三単現-s や、また、yesterday といった副詞などを伴うことで時制がわかる過去形-ed は、説明したときには意識をするものの、実際の使用では形式に注意を向けなくても意味が通じてしまうことから、その効果は長続きしないと考えられます。このことから、明示的指導は意味理解に関与する項目には効果的であるのかもしれません。これは、先に触れた誤り分析研究において指摘されている「全体的誤り」（つまり意味が理解できない誤り）を中心に訂正すべきとの考えとも合致します。

　英語教師は日々の英語の授業の中で必ずといっていいほど文法や構文など形式について説明をします。そして、教えたはずの文法項目で生徒が誤りを繰り返すと、「説明が悪かったのだろうか」と自分の技量を嘆いたり、「授業中、先生の説明を真剣に聞いていなかったから」と生徒の非を責めたりします。しかし、本章で見てきたとおり、生徒の誤りは

学習言語の習得状況を知る手がかりであり、また自然な習得順序に従って文法項目が身についていくと考えれば、誤りは避けられない現象です。つまり、第二言語習得は誤りをしながら発達していくものなのです。したがって、英語教師は生徒が誤りをするすべての文法項目に対して同じように否定的な結論を急がず、習得に時間を要する文法項目には生徒が正用できるまで説明や訂正をしつこく繰り返すことは避け、気長に忍耐強くその習得を待つ姿勢も教室指導には必要だといえます。

【この章のポイント】

- 学習言語と学習者の母語が異なる部分には「負の転移」が起こり、類似した部分では「正の転移」が起こると予測できるが、必ずしもそうではないことが明らかになった。
- 生徒の「誤り」は、英語習得の発達段階にある中間言語とみなすことができる。
- 誤りの訂正はすべての誤りを対象とするのではなく、意味理解に支障をきたす誤りを中心に行う。
- 形態素の習得には一定の順序があり、中学校で学習する文法事項が必ずしも習得が容易で早いわけではない。
- 教師が丁寧に説明や訂正を繰り返しても、長期的な効果が見られない文法項目がある。

「第2部　文法指導はどこへ行く」のまとめ

　第4章、第5章、第6章の内容をふまえて、Reflective Exercises の項目を検討してみましょう。

（1）【新しい文法項目は、必ず最初に説明を行うほうがよい】
　教師が最初に文法項目を説明してから練習をするパターンでは、生徒は受け身になってしまいます。生徒みんなが説明を理解しようと一生懸命に聞けばよいのですが、ただ一方的に説明を与えられるだけではチャレンジングではなく、高いモチベーションを持続できないでしょう。そこで、コミュニケーション活動を先に導入して、生徒に何ができないかを気づかせることで生徒の積極的な取り組みが期待できます。また、SLA の促進からも、現在の中間言語でできることとできないことのギャップに気づかせることは有効だと考えられています。

（2）【文法は形式練習をしっかりやっておけば、コミュニケーション活動をしているうちに適切な使用ができるようになる】
　この考えの問題点は文法指導がコミュニケーションから切り離されていることです。形式に特化した練習ではその意味・機能を結びつけて練習できません。したがって、形式練習をしてすぐコミュニケーション・アクティビティに移っても、特定の文法形式がどのような場面でどのような機能を果たすのかを理解していなければ、活動がもたらす有効性はありません。コミュニケーション能力と文法知識を単独に指導するのではなく、コミュニケーション能力の向上につながる文法指導を考えます。

（3）【文法練習がうまくいかないのは、生徒がその文法を十分に理解できていないからである】

　それも理由のひとつかもしれません。しかし、練習の手順やゴールを教師が理解していても、生徒には伝わっていないことも考えられます。したがって、練習を始める前に生徒が、何のために何をどのような手順で行い、何分間で終了するのかを理解していることを確認します。文法項目を正しく理解していても、生徒が目的、方法、ゴールをよく理解せずあいまいなまま練習を行うと、時間内にゴールが達成されず、十分な練習ができないかもしれません。

（4）【英語の文法は日本語の文法と似ている部分ほど習得が容易である】

　英語の冠詞のように日本語にはない英語の文法を習得する場合、負の転移が起こり、逆に英語の所有格 -'s のように日本語に類似した「の」がある場合、正の転移が起こるとされます。その意味では容易といえますが、表面的に似ているからといって必ずしも正の転移になるとは限らないので注意をする必要があります。第 6 章では、具体例として英語の進行形 -ing と日本語「—ている」の相違を取りあげました。

（5）【文法規則は教えた順に、確実に習得させなければならない】

　文法形態素は、自然な習得順序に従って身についていくようです。したがって、基本文法事項として教科書に出てくる順番に教えたからといって、必ずしもその習得が同じ順番で起こるわけではありません。また、教科書の早い段階で出てくる文法項目が、その習得がやさしいということにもなりません。つまり、文法を同じように指導しても、比較的短期間で正用ができるようになる項目もあれば時間がかかる項目もあるので、教えた順に習得させることはあきらめたほうが現実的です。

（6）【生徒が授業で教えたはずの文法を繰り返し間違えるのは、教師の教え方に問題がある】

　先の（5）で述べた通り、文法項目はどれも同じような速さで身につくわけではないので、生徒が比較的短期間で誤りをしなくなる項目と、なかなか正用に至らない項目があることを認識しましょう。そうすれば、生徒が誤りをする度に教師は自分の説明のつたなさや不手際を嘆く必要はなくなります。

第 3 部

英語教師を悩ませる「ライティング指導」と「英語の授業」を考える

【Reflective Exercise】

　それぞれの項目について、自分の考えに一番あてはまるものをひとつ選んで□に✓をつけてください。

(1) 英作文の力を伸ばすために和文英訳は必要である。
　　□思わない　　□どちらかと　　　□どちらかと　　□思う
　　　　　　　　　　言うと思わない　　言うと思う

(2) 語彙や文法知識が乏しい生徒が英語で文章を書くことは、無理である。
　　□思わない　　□どちらかと　　　□どちらかと　　□思う
　　　　　　　　　　言うと思わない　　言うと思う

(3) 生徒の英作文に出てくる誤りをすべて訂正することは、英語教師の仕事である。
　　□思わない　　□どちらかと　　　□どちらかと　　□思う
　　　　　　　　　　言うと思わない　　言うと思う

(4) 英語の授業は生徒が英語に触れる機会なので、指示や説明を含めすべてを英語で行うほうがよい。
　　□思わない　　□どちらかと　　　□どちらかと　　□思う
　　　　　　　　　　言うと思わない　　言うと思う

(5) 英語学習を開始したばかりのころは日本語だけで授業を行い、生徒が授業に慣れてきたら英語だけで授業を行うほうがよい。
　　□思わない　　□どちらかと　　　□どちらかと　　□思う
　　　　　　　　　　言うと思わない　　言うと思う

(6) 英語力があまり高くないクラスでは、英語で授業を行うことは無理である。
　　□思わない　　□どちらかと　　　□どちらかと　　□思う
　　　　　　　　　　言うと思わない　　言うと思う

第3部では、「英語ライティングの指導」と「英語で行う授業」を取りあげます。「どうすれば効率よくライティングの指導ができるのか」「英語だけで授業を行って生徒が理解できなかったらどうすればよいのか」と思い悩んでいる英語教師は多いのではないでしょうか。母語でも書くスキルは決して自然に身につくわけではなく、学習しないと身につきません。外国語で書くためにはさらにトレーニングが必要です。指導要領には英語ライティングについて「まとまった文章が書けること」がねらいとして掲げられています。しかし、教師自身が「文章力」について適切に理解していなければ、指導することはできません。そこで、第7章では、教室でライティング指導をするための知識として、わかりやすい文章を書くプロセスと文章構成について説明します。これまで英語のライティングはオーラル・コミュニケーションに比べ、十分に指導がされてきませんでした。理由のひとつは生徒の英語力です。英語で文章を書くためにはある程度の語彙や文法規則が身についていることが必要です。しかし、生徒が書けない理由はそれだけでしょうか。次に添削にかかる時間の問題です。生徒数が多いクラスを担当していると、ひとりひとりの作文を丁寧に添削する時間はありません。そこで、第8章では、この2つの問題点を取りあげます。まず、教師や生徒がライティングを敬遠する理由を考えます。そこから、どのような言語活動ができるのかを提案し、さらに効果的かつ効率的なライティング指導を行うための、英語教師と生徒の意識改革について解説します。第9章では、「英語で行う授業」の中身を検討します。英語の授業はすべて英語で行うのが理想ですが、現実にはすべての生徒がその恩恵を被るとは限りません。そこで、授業運営と学習効果の点から日本語使用の有効性を考えます。

第 7 章

わかりやすい文章を指導するために

「とてもわかりやすい」と感じる文章がある一方で、何度読み返しても「何が言いたいのかわからない」と感じる文章があります。違いは何が原因なのでしょうか。この章では、中学校と高校の指導要領に記載されているライティングの部分に焦点をあて、「わかりやすい文章」について、その特徴と書き方について解説します。

1. ライティング指導の到達目標：学習指導要領で何が求められているか

中学校の指導要領第2章各教科第9節外国語には、言語活動の「書くこと」は主に次の項目について指導するように書かれています。

［抜粋1］
- （ア）文字や符号を識別し、語と語の区切りなどに注意して正しく書くこと。
- （イ）語と語のつながりに注意して正しく文を書くこと。
- （ウ）聞いたり読んだりしたことについてメモをとったり、感想、賛否やその理由を書いたりなどすること。
- （エ）身近な場面における出来事や体験したことなどについて、自分の考えや気持ちなどを書くこと。
- （オ）自分の考えや気持ちなどが読み手に正しく伝わるように、<u>文と文のつながりに注意して文章を書くこと</u>。（下線は筆者）

（ア）と（イ）はスペルと文法、（ウ）と（エ）は書く内容、そして（オ）は構成についての指導ポイントです。特に（オ）に注目してください。「文と文のつながりに注意して文章を書くこと」とあります。つまり、文を羅列するのではなくそれらの関係がわかるように書かなければなりません。平成24年に発行された中学校の検定教科書の中には、この点をふまえ、まとまりのあるパラグラフ構成を意識させるためのライティング活動を取り入れているものがあります。たとえば、『ONE WORLD English Course 3』には、意見をわかりやすく伝えるための文章構成が紹介されています（次ページの引用1を参照）。まず与えられたテーマに対して自分の立場を明らかにし（賛成か反対かを述べる）、次にその理由を2つ提示し、最後にまとめを書く構成になっています。理由を述べるところでは、First と Second のつなぎの語句によってそれぞれの理由が始まることを読者に明確に伝えています。

　また、『SUNSHINE ENGLISH COURSE 1』には日記の文章構成に生徒の意識を向ける活動があります。教科書に記載されている日記をモデルとして、まず生徒に文の順番を確認させます（引用2を参照）。この作業を通して文章とは文の羅列ではないことを中学1年生から意識させる意図があると思われます。

[教科書からの引用1][1]

- ●意見を伝える文の構成に注意しよう。
1 携帯電話の是非について、ボブが学級英字新聞に自分の意見を書きました。どのような意見なのか、英文の構成に注意して読んでみよう。

(1)	自分の意見がはっきり述べられます。	I don't think junior high school students need cell phones. I have two reasons.
(2)	なぜそう思うのか、理由が具体的に述べられます。	First, cell phones cost a lot of money. Many students spend more than 5,000 yen on their cell phones each month. It's not good to spend so much. Second, the ringtone of cell phones sometimes disturbs our class. We can't concentrate on studying.
(3)	結論が述べられます。	For these reasons, I think we should stop using cell phones.

[教科書からの引用2][2]

Wednesday, March 3, Sunny

I went to Osaka with my brother by train. The train started from Shin-Yokohama Station at six fifteen in the morning. We arrived

---

1 『ONE WORLD English Course 3』p. 113
2 『SUNSHINE ENGLISH COURSE 1』p. 124

at our grandparents' house at ten thirty My grandparents got *takoyaki* for us. I ate ten!. I love *takoyaki*.

上の日記は6つの文でできています。どんな話題について、どのようなことを、どんな順番で書いているか確かめましょう。（　）に適切な語を書き入れましょう。

第1文：話題………いちばん書きたいこと
第2文：出来事①………（　　　　）時刻と場所
第3文：出来事②………到着（　　　　）と時刻
第4文：出来事③………祖父母が（　　　　）買ってくれたこと
第5，6文：しめくくり………したことについての（　　　　）

　次に高等学校の学習指導要領を見てみましょう。コミュニケーション英語の科目群に含まれるコミュニケーション英語ⅠとⅡでライティング指導を行うことになっており、以下の具体的な記述があります（図7.1を参照）。

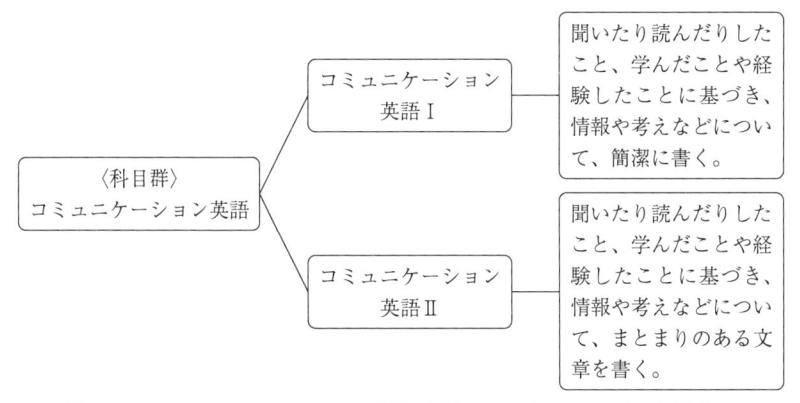

```
〈科目群〉           コミュニケーション     聞いたり読んだりした
コミュニケーション英語 ─┬─  英語Ⅰ       ─  こと、学んだことや経
                 │                      験したことに基づき、
                 │                      情報や考えなどについ
                 │                      て、簡潔に書く。
                 │
                 │   コミュニケーション     聞いたり読んだりした
                 └─   英語Ⅱ       ─  こと、学んだことや経
                                        験したことに基づき、
                                        情報や考えなどについ
                                        て、まとまりのある文
                                        章を書く。
```

図7.1　コミュニケーション英語に関わるライティングの指導内容

　さらに、上述の内容を効果的に行うために、以下の事項を特に指導するように記載されています。

［抜粋2］
　コミュニケーション英語Ⅰ：
　2内容　（2）イ　内容の要点を示す語句や文、つながりを示す語句などに注意しながら読んだり書いたりすること。
　コミュニケーション英語Ⅱ：
　2内容　（2）イ　論点や根拠などを明確にするとともに、文章の構成や図表との関連などを考えながら読んだり書いたりすること。
　（2）エ　説明や描写の表現を工夫して相手に効果的に伝わるように話したり書いたりすること。　　　　　　　　（下線は筆者）

　図7.2は、英語表現＋英語会話の科目群に含まれる英語表現ⅠとⅡのライティング指導について表しています。

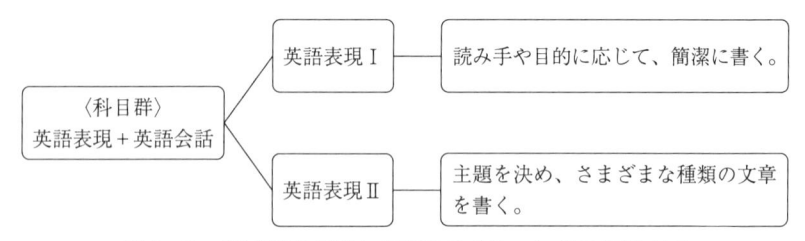

```
                    ┌─ 英語表現Ⅰ ─── 読み手や目的に応じて、簡潔に書く。
〈科目群〉
英語表現＋英語会話 ─┤
                    └─ 英語表現Ⅱ ─── 主題を決め、さまざまな種類の文章を書く。
```
　　　　図7.2　英語表現に関わる英語ライティングの指導内容

　そして、これら2つの科目では、以下に記す事項を特に配慮して指導すべきと明記されています。

［抜粋3］
　英語表現Ⅰ：
　2内容　（2）イ　内容の要点を示す語句や文、つながりを示す語句などに注意しながら書くこと。また、書いた内容を読み返すこと。
　英語表現Ⅱ：
　2内容　（2）イ　論点や根拠などを明確にするとともに、文章の

<u>構成や図表との関連、表現の工夫などを考えながら書くこと</u>。また、<u><u>書いた内容を読み返して推敲する</u></u>こと。（下線、及び二重下線は筆者）

　いずれの活動内容でも「文章構成」が指導のポイントです。文章は文の羅列ではありません。ひとつひとつの文はでたらめに並んでいるのではなく、文章中で一定の役割を持ってお互いに関係を持ちながら文章が展開していきます。

　また、生徒が自分の作文を読み返して推敲することも活動内容になっています（抜粋3の二重下線部）。これまで、教師も生徒も「英作文イコール添削」と信じてきたのではないでしょうか。ところが、クラスに40人もいると、教師ひとりが全員の英作文を添削するのは気が遠くなる話です。教育とは本来生徒がひとりで学習していく力をつけることです。ですから、生徒の「とりあえず書いたものをそのまま提出して、先生に添削してもらえばいい」という受け身の姿勢をあらため、自分の作文に責任を持つ「書き手」を育てることも、ライティング指導の重要な役割です。

　従来、英作文というと和文英訳に代表される翻訳式が頻繁に用いられてきました。あらかじめ書かれた日本語文を文法的に正しい英文に変換することに重点が置かれます。既習の文法項目や語彙の復習としては有効かもしれません。しかし、これは書き手がまとまりのある文章で読み手にメッセージを伝えるというライティング・コミュニケーション本来のあり方ではありません。そこで、今回の学習指導要領ではまとまりのある文章で、自分の主張を伝えることが強調されています。この点をふまえた適切な指導のためには、教師がライティングとは語彙や文法の確認手段ではないこと、そして、語彙と文法が正しく使えるだけではライティングはできないことを認識することが大切です。

2．わかりやすい文章の条件：何を意識すると上手に文章が書けるのか

まとまりのあるわかりやすい文章を書くための指導には、教師自身が「わかりやすい文章」を理解する必要があります。では、次の2つの文章のうち、「わかりやすい」と感じるのはどちらでしょうか。いずれも同じトピックについて書かれています。

［文章1］

> Learning a foreign language gives us a chance to be aware that people from different language backgrounds behave differently. I will explain this with two examples. The first example is the way of accepting offers. In Japanese society, it is considered polite not to accept an offer when proposed for the first time. Someone should turn one down at least three times. However, it is interpreted as a sign of rejection if Japanese behave the same way in Western society, and they may end up not getting it even if they really want it. As another example, Japanese do not openly praise their family members in front of others. Instead, they use some specific words with a negative connotation when referring to them. This is considered polite in Japanese society. On the other hand, it is very rude in Western cultures. In conclusion, we can learn more than just linguistic differences through learning a foreign language.

［文章2］

> Through learning a foreign language, we can realize that Japanese native speakers do not address others directly, while non-Japanese do. The Japanese also turn down an offer at least three times and then accept it. English native speakers may not understand this action since they are expected to say either yes or no

> right after they are provided the offer. They may think that it is strange that Japanese say no to an offer if they accept it later on. You can see cultural diversity in this example. It is fun to learn a new language since you can find many differences between your own culture and others. When I started learning English in junior high school, I learned that English speakers behave in different ways from Japanese. For example, they look at the eyes of a person who they are talking to, but Japanese do not. As you can see from this example, language and culture are tightly connected. This is a good reason why I want to learn a foreign language.

　どちらの文章も書き手は「外国語学習を通して気づくこと」を説明しようとしています。読み手にわかりやすく情報を伝えているという点で、説明文として適切なのは［文章1］です。

　それでは、なぜ［文章1］のほうがわかりやすいと感じるのでしょうか。その理由は、つなぎの語句を使って読み手を結論へと導いているからです。たとえば、The first example, However, As another example, On the other hand そして In conclusion などが手がかりとなって、前の文から次の文へつながっていきます。さらに、最初の文 Learning a foreign language gives us a chance to be aware that people from different language backgrounds behave differently. が書き手の主張を明確に示しています。この文を手がかりに、読み手は書き手がこれから書こうとすることを予測しながら読み進めていくことができます。次に続く I will explain this with two examples. を読むと「これから2つの例が出てくるはずだ」とさらに心の準備ができます。そして、読み手が期待した通り、次の文は早速 The first example で始まっています。次に、読み手は接続詞 However を目にして、この後に述べられる内容がここまでの書き手の主張や説明した事柄とは異なると予測します。さらに読み進めていくと、今度は As another example という表現が出てき

ます。ここから2つ目の例が紹介されることがわかります。そして、On the other hand が出てきたところで、これまでの主張や説明とは逆の内容を期待します。最後に、In conclusion によって議論が結論にたどりつき、文章の終わりが読み手に伝わります。

　このようにつなぎの語句を使うと文章が方向性を持ち、無理なく結論へと続いていきます。私たちはこうした文章を「わかりやすい」「読みやすい」と感じます。こちらの意図や情報を正しくかつ適切に伝えるためには、適切な語彙選択と文法は必要ですが、それだけでは文章のまとまりは生まれません。文章がまとまるためには、**一貫性**（coherence）と**結束性**（cohesion）がある文章構成を意識することが大切です（図7．3参照）。

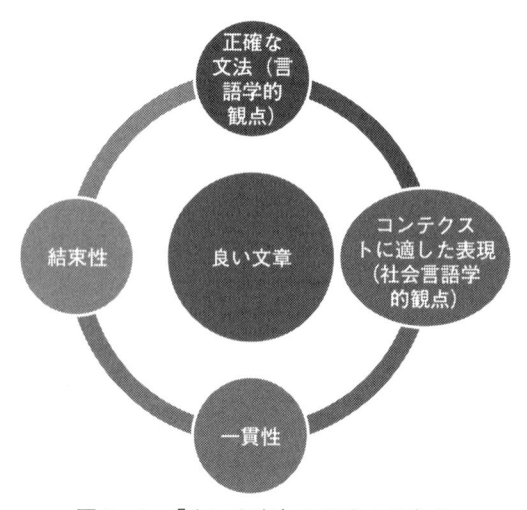

図7．3　「良い文章」を構成する条件

　ひとつひとつの文がトピックに関係する内容を表している場合、文章は**一貫性**を持ちます。しかし、同じトピックのことについて書かれていても（つまり、一貫性があっても）、文の順番が不適切で前後の文がつながっていなければ、文章はまとまりを持ちません。私たちは文章を読

むとき、その文章を構成している文はお互いに関連していることを前提に読んでいきます。したがって、単語や文法知識を使って文字から情報を取り入れると同時に、自分が持っている背景的知識を使ってそれらの情報を関連づけようとします。また、つなぎの語句を手がかりに、次の文の内容を予測しながら読んでいきます。ですから、文章にまとまりがないと、読者は前に読んだ文へ何度も戻ったり、文章全体を読み返したりしなければなりません。読者の混乱を避けるためには、どのような順番で文を書くと文章が流れるのかを考える必要があります。**結束性**とは、こうした文と文のつながりがあることをいいます。「書く」という作業は文を並べて書くだけでは不十分で、文章構成に意識を向けて「どのような情報をどの程度の量で、どの順番で、どういう表現を使って書けば、混乱や誤解を招くことなくこちらの意図が伝わるか」を意識することが大切です。

3．ライティング・プロセス：「書く」とは具体的にどのような活動なのか

「プロの作家や文章が上手な人はすぐに完璧な文章が書けるだろう」と信じている人はたくさんいると思います。ところが、「文章を書く」作業は、適切な語彙を選び、完璧な文をひとつずつ書き足していくことではありません。プロといわれる人たちや文章を書くのが上手な人たちは、最初から良い文章は書けないこと、一回書いただけで満足がいく文章はできないことを知っています。「書く」作業は、時間をかけ積み上げていく知的作業です。ライティングとは一回で終わる作業ではなく、実はいくつもの下位作業に分けられ、そのひとつひとつを完了することで最終的に良い文章につながっていきます。文章を仕上げるまでの流れは次の4つの段階に分けられます[3]。

---

[3] Flower & Hayes (1981)

1. **実際に書く前の準備段階**（プレ・ライティング）：いきなり紙面に文を書いても、まとまった文章にはなりません。ですから、ここでまず自分が何を書きたいかをブレイン・ストーミングして、トピックに関連する事柄をいくつも書いてみます。連想ゲームのように頭に浮かんだことをあまり深く考えずに書いていけばよいのです[4]。次に、その中から文章で伝えたいことに最も関係すると思うことだけを選びます。そして、それらをどのような順番で書くと読む人にわかってもらえるかを考えて、文章の流れ（アウトライン）を作ります。

2. **実際に書いてみる段階**（ドラフト）[5]：アウトラインにそって、作文をします。文章の流れやまとまりに焦点をあてて作文していくことがポイントですので、スペルや文法などはあまり気にする必要はありません。

3. **推敲する段階**：できあがった作文を読み返します。文章全体を検討して、自分が伝えたいことが書かれているか、関係がないことは書かれていないか、説明が不足していないかなどを確認します。必要に応じて、文を削ったり付け足したり、文の順番を入れ替えたりして書き直します。ここでもスペルや文法の正確さにはあまり意識を向ける必要はありません。

4. **編集する段階**：書き直しを繰り返して文章構成を十分検討したら、この段階で初めて本格的に文法やスペルなどを確認します[6]。

4　単語や句で十分です。文を書く必要はありません。
5　実際に書きあげた最初の文章を、便宜上ファースト・ドラフトと呼ぶことがあります。ファースト・ドラフトを推敲した文章をセカンド・ドラフト、さらに推敲したものをサード・ドラフトと呼んでいます。そして、編集して出来上がった文章をファイナル・ドラフトと呼びます。
6　Word で英作文をタイプしていると、単語や語句に赤色や緑色の波線があらわれることがあります。赤色はスペルミス、緑色は文法の誤りをあらわしています。したがって、Word の場合、ドラフトの段階からスペルや文法の確認ができます。筆者らは、Word が使えてもこのことを知らない大学一年生が意外に多いことを毎年実感します。

最後に書式にしたがって文章の体裁を整えます[7]。

　このようにライティングをいくつかの異なる作業に分けて行う指導法は**プロセス・アプローチ**（process approach）と呼ばれています[8]。このプロセス・アプローチは、上述の4つの段階を含みますが、これらは上から下への一方通行ではありません。ライティングのプロセスは直線的ではなく、図7．4が示すようにお互いの段階を行ったり来たりすることで、徐々に文章を完成させていきます。

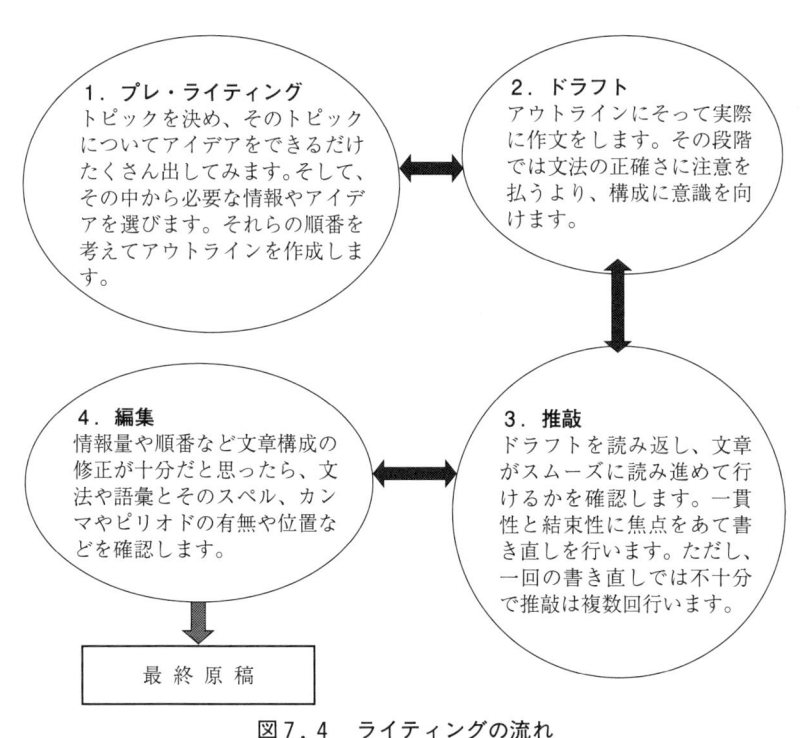

1．プレ・ライティング
トピックを決め、そのトピックについてアイデアをできるだけたくさん出してみます。そして、その中から必要な情報やアイデアを選びます。それらの順番を考えてアウトラインを作成します。

2．ドラフト
アウトラインにそって実際に作文をします。その段階では文法の正確さに注意を払うより、構成に意識を向けます。

4．編集
情報量や順番など文章構成の修正が十分だと思ったら、文法や語彙とそのスペル、カンマやピリオドの有無や位置などを確認します。

3．推敲
ドラフトを読み返し、文章がスムーズに読み進めて行けるかを確認します。一貫性と結束性に焦点をあて書き直しを行います。ただし、一回の書き直しでは不十分で推敲は複数回行います。

最終原稿

図7．4　ライティングの流れ

---

[7] 第7章付録 p. 131を参照してください。
[8] Raimes (1998), Rames (1983), Silva (1990)

推敲の段階では、不十分な情報や説明を再検討し、文の順番を入れ替えたり、削除したり追加したりといった作業を行います。ただし、一回だけの推敲でわかりやすい文章にはなりませんので、複数回行います。この作業には書き手自身が自分のドラフトを読んで推敲することはもちろんですが、第三者からのコメントも役に立ちます。また、推敲の段階では内容の検討が目的なので、文法や語彙など表面的なところばかりに気をとられないように注意します。

　以上、まとまりのある文章を書くためには複数のステップをたどっていくことを説明しましたが、中学校や高校の50分授業ですべての段階を行うことは無理です。そのため、たとえば、ブレイン・ストーミング、アウトラインは自宅学習にするなどして、授業で指導しなければならないことと生徒が自宅でできることを区別することで、プロセス・アプローチを取り入れていきます。また、このアプローチをそのまま取り入れることが無理でも、少なくとも先生がこのプロセスを理解し意識することで、従来の和文英訳に偏ることを避け、コミュニケーションを指向したライティングにふさわしい指導につながるでしょう。

4．パラグラフ構成：文章が文の羅列にならないためにはどうしたらよいのか

　ライティングの手順がわかったら、次は具体的に「わかりやすい文章」の構成について検討してみましょう。ここではパラグラフの書き方について解説をします[9]。パラグラフの中で個々の文は無秩序に羅列されているわけではなく、特定の役割を持ってつながっています。図7．5に示されている文の配列が最も基本とされるパラグラフ構成です。

---

[9] 通常、文章はいくつものパラグラフから構成され、そのパラグラフもいくつもの文から構成されています。しかし、文章を書くためにはまずパラグラフの構成を理解していることが必要ですので、本章ではパラグラフ・ライティングだけを取り上げています。

> **主題文（topic sentence）**：文章が何について書かれているか、伝えたいことは何かを、ひとつの文で簡潔に書く。
>
> **支持文（supporting sentences）**：詳細を書くことにより、主題文の内容をサポートする。読者が納得するように必要な情報を必要な量だけ、わかりやすい順番で書く。
>
> **結論文（concluding sentence）**：もう一度読者に文章のポイントを伝える。したがって、主題文の内容と整合性がなければならない。

図7.5　パラグラフ構成

　まず読者に一番伝えたいことを**主題文**として書きます。続いて、主題文で書いた内容をサポートする複数の**支持文**を書きます。支持文には、読み手に納得してもらうために主張の根拠や事例などを書きます。最後に、支持文から導き出せることを**結論文**として書き、パラグラフが完結します。図7.5では、主題文と結論文はそれぞれひとつの文になっていますが、必ずしもそれがきまりではありません。ここではパラグラフ・ライティングの基本をおさえる意味で最も基礎的な構成を紹介しています。したがって、基本をおさえたら、文章の流れを考えて必要であれば主題文や結論文の前後に追加の文を加えるなどして、発展させていきます。

　文章を書くとき、もうひとつ考慮すべき点はライティングの目的をはっきりさせることです。目的は「ジャンル」として分類されます。市販のライティング教材でよく取りあげられているジャンルは、描写、物語、議論、比較・対照、原因・結果、説明などです。また、これらのライティング・テキストにはジャンル毎につなぎの語句や文章展開のために適切な表現が紹介されているので、参考にしてみてください[10]。

　以上の議論をふまえて、書き手の意図が読み手にわかりやすく伝わる

---

[10] 筆者がこれまで参考にした教材は、巻末付録を参照してください。もちろんいずれも中学生や高校生向けではありませんが、一読してみると指導に活かせるアイデアが見つかるはずです。

ためには、文章構成がポイントです。したがって、ライティング指導が語彙や文法に偏っていたり、文レベルの練習に終始していたりしては文章を書く力はつきません。ライティング・スキルの上達には、文法的に正確な文を書くこと（ミクロ・レベル）と文章構成を考えること（マクロ・レベル）の異なるレベルでの指導が必要になります。この章ではライティング・プロセスとパラグラフ構成について解説しました。次章では、具体的に教室でのライティング指導について考えます。

【この章のポイント】

- 中学校や高校の英語教育で「まとまった文章を書く」指導が必要とされている。
- ライティングはいくつもの下位作業に分けられる。
- わかりやすい文章を書くためには一貫性と結束性を意識しなければならない。
- 個々の文は主題文、支持文、結論文の役割を持ち、この順でパラグラフを構成している。

【第 7 章付録】 パラグラフ・ライティングの書式

> Heading: 日付、学年クラス、氏名など

2012/3/23
Taro Sato

> タイトルの書き方：名詞、動詞、形容詞などの内容語は途中であっても最初の文字は大文字

My Classmate from Hiroshima

> 段落の最初の文はインデントする（5〜7文字分下げてから書き始める）

> ピリオドの後は1文字分空ける

　　　　I would like to introduce my good friend Daisuke Hayashi. He is from Hiroshima, and he moved to Okinawa when he was five years old. He likes to play soccer. He has been a member of the local soccer team since the first grade. He practices soccer every Saturday. He is going to take part in a game next Sunday, so he has to practice harder. He wants to score a goal and win the game. He also studies hard. He is good at math and English. He likes grammar because it is very similar to math. I am happy to be friends with him.

> パソコンを使ってタイプをする場合、行間を1.5行に指定するとコメントが書きやすい。

第 8 章

ライティング指導が目指すこと
〜生徒は執筆者・先生は読者

　筆者は学期始めによく、「自己紹介を書きなさい」という課題を出しますが、毎年数行しか書けない学生がいます。その理由を尋ねると、「文の作り方がわからない」といった言語的な問題をあげる学生もいますが、「何を書けばよいのかわからない」と言う学生が意外に多いのです。ライティングができないのは語彙や文法に問題があるからだと捉えがちですが、「文章を書くこと」への理解不足も生徒が書けない理由です。この章では、具体的なライティング活動を紹介しながら、生徒と教師の意識改革がライティング・スキルの向上へつながることを解説します。

1．ライティングは順序良く：なぜ、ライティングを敬遠するのか

　オーラル・コミュニケーションに比べると、ライティング・コミュニケーションは言語活動としてあまり積極的に授業で行われていません。英語が話せるようになりたいという生徒は多いのですが、英語で書けるようになりたいという生徒はあまりいません。また、ライティングといえば和文英訳に偏ってしまう傾向があります。ここには教師の「正しい文が書けるようにならないと文章を書くのは無理」という思いこみがあります。限られた英語力ではひとつの文を書くのが精いっぱいで、まとまりのある文章を仕上げることは、至難の業かもしれません。しかし、ゼロから書くことが無理でも、適切なサポートを与えれば、限られた語彙や文法知識でまとまりのある文章は書けます。また、正しい文が書け

るからといって、良い文章が書けるとは限りません。つまり、言語知識があることが良い文章を書く絶対かつ十分条件ではなく、言語知識が身についていることと、一貫性と結束性のある文章が書けることは別問題です。おそらく教師も生徒もこの点を明確に認識していないために、英語力が十分になるまでライティングに取り組まないのでしょう。

特に英語教師が文章の構成と言語表現は異なるレベルであることを理解せずライティング指導にあたると、内容、文章構成、言語知識をすべて同時に扱おうとしてしまいます。3つのことに注意を向けるのですから、教師にもかなりの心理的負担になります。しかし、それ以上に問題なのは、指導のポイントが不明確になり、生徒を混乱させてしまうことです。内容を考え、文法的に正しい文で表現し、文章の構成も考えることを同時進行させるのは生徒にとっても負担が大きすぎて、どこから手をつけてよいのか、何をしてよいのかわからなくなってしまいます。ですから、内容、構成、言語表現のいずれに焦点をあてるかを決めること、つまり指導するポイントをしぼることが必要です。たとえば、プレ・ライティングの段階では内容の検討に集中させるため、トピックに関連する情報収集を日本語のサイトで検索させたり、日本語でアウトラインを書かせたりして、言語への負担を軽減します。そして、ポイントをしぼった指導をするために、第7章で紹介したライティング・プロセスをあらかじめ生徒に説明しておきます。ライティングのどの段階でどのような作業に集中すればよいのかを生徒が理解していれば、よりスムーズで効果的なライティング指導につながります。

2．ライティング練習：書けない生徒にどのようなサポートができるか

学習した文法知識や語彙が限られている初級レベルの生徒は、ライティングのときにどうしても語彙や文法に注意が集中してしまい、なかなか構成まで意識を向けることができません。そこで、生徒にモデルとなるパラグラフを与えることで、言語形式への負担を軽くします[1]。**モデル・パラグラフ**では、生徒が自分のことを表現するために適切な単語や

文を下線部に挿入しながら、文章を完成させていきます。たとえば、次のようなモデル・パラグラフを使って自分のことについて書いてみます。パラグラフの下線部は、生徒が自分のことを表現するために適切な単語や文で置きかえていきます。モデル・パラグラフは、単に学習した文の羅列ではなく、最初の文が主題文、最後の文が結論文になっています。こうしたモデル・パラグラフを使って書かせることで、生徒に文のつながりを意識させます。

モデル・パラグラフ（1）

My Favorite Food

Everyone likes to eat, and I do, too. My favorite food is <u>*okonomiyaki*</u>. I eat <u>*okonomiyaki*</u> at <u>a restaurant near my house</u>. My family goes there for <u>lunch</u> on <u>Saturday</u>. My favorite dish is <u>the special okonomiyaki</u>. It has <u>cabbage, egg, and meat</u>. It is very delicious. I like <u>*okonomiyaki*</u> very much.

モデル・パラグラフ（2）

My Favorite Food

Everyone likes to eat, and I do, too. My favorite food is <u>spaghetti</u>. I eat <u>spaghetti</u> at <u>home</u>. <u>My mother</u> cooks it for <u>lunch</u> on <u>Sunday</u>. My favorite dish is <u>seafood spaghetti with tomato sauce</u>. It has <u>squid, shrimp, and white fish</u>. It is very delicious. I like <u>spaghetti</u> very much.

1　Raimes (1998)

モデル・パラグラフ（1）とモデル・パラグラフ（2）は、それぞれレストランと家庭での場合を想定して、多少表現が異なっています。

　ここで紹介したモデルは語彙の書き換えが多いのですが、生徒のレベルに応じて、句、節、文レベルの置き換えを増やしてもよいでしょう。

　また、**協同ライティング**（collaborative writing）という方法があります。これはグループで助け合いながらひとつの作文を仕上げていくライティングです。クラスの中には、英語力が低い、背景知識が乏しい、書くことが苦手といったいろいろな理由で書けない生徒がいます。そこで、文法が得意な生徒が苦手な生徒を助けたり、背景知識が不十分であれば豊富な学生から学んだりして、お互いの得意・不得意を補って文章を書きあげていきます。ただし、まずはグループの各メンバーが知っている英語を使ってドラフトを書くことを原則とします。各自が書いたドラフトを持ち寄って議論をし、よいところを採用し修正もしながら、ひとつの作品を作り上げていきます。この方法であれば、書けない生徒の負担も教師が対応する作文の数も軽減され、これまでのライティングに対する嫌悪感がかなり払拭されるはずです。

　また、リーディングとライティングを連携させた指導法（Reading-Writing Connections）も提案されています[2]。生徒はリーディング教材の文章を分析することで、その文章展開にパターンがあることを発見していきます。また、異なるジャンルの文章を分析することで、生徒は文章が書かれた目的によって構成や表現が違うことを学びます[3]。たとえば、過去の出来事について書いた文章と社会的問題に関する意見を書いた文章とでは、論の展開に使うつなぎの語句、必要な語彙や文型が異なってきます。このようにモデル文章やパラグラフを使うことで、生徒

---

　[2]　Carson & Leki (1993), Hirvela (2004), Ferris & Hedgcock (2005), Yoshimura (2009)

　[3]　Hirvela (2004) ではモデリング・アプローチ（modeling approach）と呼ばれています。

はジャンルに適した定型表現（つなぎの語句も含む）や構成を学習し、それらを模倣しながら[4]自分の文章を書いてみることがライティング・スキルの向上につながると考えられます。

　このリーディングとライティングを連携させた指導法を取り入れていると思われるのが『NEW HORIZON English Course 3』にあるライティング・プラスです。ライティング・フォーマットの指導をねらいとして、手紙およびまとまりのある意見を書くアクティビティが課されています[5]。いずれのトピックでも、ステップ１としてモデル・パラグラフを構成する文の役割を検討し、次のステップでジャンルに応じた語句やモデル文を紹介しています。最後のステップ３ではパラグラフの構成を意識しながら、自分で手紙を書いてみます。手紙文の構成は、１．はじめに、２．本文（「自己紹介」「好きなところ」「質問」など）、３．終わりのあいさつとなっています。意見を書くタスクでは、１．意見、２．理由（１つめの理由・２つめの理由・３つめの理由）、３．まとめという文章構成を意識させるモデル・パラグラフが与えられています。また、手紙の本文や理由を書くために必要な語彙や文が紹介されているので、これらがインプットになり、生徒はこれまで知らなかった表現に気づくことができます。

３．自己点検とピア・レビュー：生徒に「執筆者」としての自覚を持たせるために何ができるか

　ライティング指導が敬遠される、もうひとつの理由として、添削に膨大な時間と労力を要するため、たいていの教師は十分時間を取ることができない実情があります。そのような負担を少しでも軽減する策として

---

[4]　「模倣」はそのままコピーする「剽窃」とは違います。特にオンラインであらゆる文章が入手可能となった現在、「剽窃」は教育現場でも問題になっています。したがって、ライティング指導で生徒に「模倣」と「剽窃」の違いをわかりやすく明確に指導する必要があります。「剽窃」については吉村（2013）が参考になります。

[5]　手紙の書き方は pp. 20-21、意見のまとまりのある書き方は pp. 68-69にあります。

自己点検リストの活用をお薦めします[6]。このリストを使って生徒が自分の英作文をチェックし必要な箇所を書き直すことで、添削にかける教師の時間と労力はかなり軽減されます。それと同時に、提出前に読み返すことで生徒に執筆者としての自覚を持たせることがねらいです。ライティング指導のポイントとして高等学校の指導要領にも「書いた内容を読み返すこと」と書かれています。自己点検リストにはあらかじめ確認する項目が書かれており、生徒はそれにそって自分の英作文をチェックします。生徒もただ「読み返して必要なところは修正してから提出しなさい」と言われても、何をしてよいかわからず戸惑ってしまいますが、このようなリストがあれば、どこを訂正したらよいかが具体的にわかります。

　付録で紹介しているリストには、「内容の構成」、「文法」、「段落のフォーマット」がチェック項目としてあげられています。各項目に4つの確認ポイントがありますが、確認させたいポイントやその数は英作文の内容や目的に応じて適宜変更します。たとえば、「文法」のセクションでは多くの生徒が誤りをする文法項目を取りあげ、確認をさせることができます。あるいは、特定の文法や文型の使用をねらいとする場合、それらの使用が適切であるかを確認させることもできます。ただし、先にも述べたようにライティングは文法理解やその定着度を確認するための活動ではありません。ライティング活動は生徒が自分の伝えたいことをできるだけ正確に、かつ適切に伝える技術を身につけることが目的です。したがって、内容理解に支障がない程度の局所的誤りや頻出しない文法の誤りであれば黙認することも必要です。段落のフォーマットについても、パラグラフの最初の行は5～7文字分下がっているか、ピリオドやカンマの位置は適切かなどを毎回確認させます。繰り返し生徒自身が確認することでパラグラフに関するきまりが身についていきます。リストでの確認作業を通して「先生が直してくれるから」という教師依存

6　第8章付録 pp. 140-141を参照してください

の学習者から、自立した学習者へと生徒の意識改革することも英語教師の役目です。

　学習者の自立を促すもうひとつの方法として、**ピア・レビュー**（peer review）があります[7]。ピア・レビューとは、お互いの作文を読み、コメントをしあうことです。自分ひとりでは気づかないことをクラスメートが指摘してくれることで、よりわかりやすい文章へと発展していきます。日本の文化は調和を重んじるせいか、日本人は他人の作品にコメントすることを「批判」と捉えがちです。しかし、本来「読む」とは、書かれた内容に反応をすることです。私たちは何かを読んで理解すると、「なるほど」と思ったり、「それは違う」と反論したりします。ときには、「ここがよくわからないから、もう少し説明がほしい」「具体例があったらよかった」という反応をします。このように、生徒にも「コメントをすること」は批判ではなく、ひとりの読者として相手の作文を読んで感じたことや思ったことを書いてあげることであり、お互いのコメントがよりわかりやすい文章につながることを説明します。また、筆者の学生からはよく「文法が苦手だからコメントできない」「私の英語力では正しいコメントはできない」という声が聞かれますが、ピア・レビューの目的は文法チェックや正しいコメントをすることではありません。この点も説明の際に強調すべきでしょう。

　ここまで述べてきたように、ライティング指導のポイントは教師と生徒のライティングに対する意識改革です。ライティング指導は「添削に時間がかかるから」という理由で教師たちから敬遠されてきました。そして、この傾向には「ライティング指導」＝「添削」という教師たちの思いこみが潜んでいます。この前提が生徒にも波及し、「英作文は先生が添削してくれる」という受身の姿勢を作り上げてしまっています。さらに、教師も生徒も「ライティング活動は文法練習」と思っており、教師はついつい英作文の誤りに注意が向いてしまいますし、生徒は間違え

7　Liu & Hansen (2002)

てはいけないと正確な文を書くことに時間を取られてしまいます。有意義なライティング活動には、生徒は英語学習者という立場を超えてライティング・コミュニケーションの担い手としての自覚を持ち読み手のことを考えて書く姿勢、また教師は添削者ではなくひとりの読者として生徒の作文に向かう姿勢が必要です。学習者と指導者という上下の関係から、執筆者と読者という対等の関係にシフトすることがライティング活動に対する積極さを生むはずです。

【この章のまとめ】

- 内容、構成、言語表現をすべて同時に指導しようとするのではなく、目的をはっきりさせて3つのうちひとつに焦点をあてる。
- モデル・パラグラフや協同ライティング、リーディングと連結させたライティング活動を取り入れることで、異なる理由で書けない生徒を指導する。
- 英語教師は添削者という姿勢をあらためる。
- 自己点検リストやピア・レビューを取り入れ、生徒に執筆者としての自覚を持たせる。

【第8章付録】

自己点検リスト

提出する前に次のことをチェックしてみましょう。

①　内容の構成	確認済み	訂正済み
１．主題文はありますか。下線をひきなさい。		
２．結論文はありますか。二重下線をひきなさい。		
３．各支持文は主題文に関係していますか。		
４．各支持文は前後でつながっていますか。		

②　文法	確認済み	訂正済み
１．文の主語は動詞と適切な意味関係を持っている名詞になっていますか。		
２．節と節は接続詞でつながっていますか。		
３．動詞の活用（過去形や三人称単数現在）は適切ですか。		
４．単数形と複数形は適切ですか。		

③　段落のフォーマット	確認済み	訂正済み
1．タイトルで重要な語の最初は大文字ですか。		
2．タイトルは用紙の中央にありますか。		
3．段落の最初の文はインデントされていますか。		
4．カンマやピリオドは文字のすぐ後についていますか。		

第9章

英語の授業で日本語を使う

　高等学校学習指導要領には、英語の授業について次のように記されています（第3款各科目にわたる指導計画の作成と内容の取扱い2（3）より抜粋）[1]。

　英語に関する学科の各科目については、その特質にかんがみ、生徒が英語に触れる機会を充実するとともに、授業を実際のコミュニケーションの場面とするため、<u>授業は英語で行うこと</u>を基本とすること。
（下線は筆者）

　英語を外国語として学習する環境では、授業を英語で行うことが生徒にとってインプットに触れる機会になります。しかし、英語だけで授業を行うことはすべての生徒にメリットがあるのでしょうか。これまでも外国語教育やSLAの分野で「学習言語のみで指導をするべきなのか」「母語を使ったほうが指導の効果はあがるのか」など教室内で使用される言語について議論がされてきました。そこでこの章では「英語で授業

---

[1] 平成25年12月13日、文部科学省は「グローバル化に対応した英語教育改革実施計画」を公表しました。この計画には中学校の英語教育の在り方として、「授業は英語で行うことを基本とする」と記載されています。また、現行の高等学校の学習指導要領にうたわれている「授業は英語で行うことを基本とする」が、実施計画では「基本とする」が削除され、「授業は英語で行うとともに、言語活動を高度化（発表、討論、交渉等）」という文言になっています。2020年の東京オリンピックを見据えた計画で、2014年度から逐次改革を推進するとしています。

を行う」ことについての中身を検討します。授業運営と学習効果の点から日本語使用の有効性を考え、初級のクラスや英語力が低いクラスでの英語による授業運営についても具体例を見ながら解説します。さらに「ネイティブの英語が話せないこと」と「英語で授業を行うこと」の関連について考えます。

1．英語で授業を行う意図：英語の授業をなぜ英語で行う必要があるのか

　文法訳読法では、学習した外国語が使えるようにならないという反省から、ナチュラル・メソッド（Natural Method）や直接教授法（Direct Method）が考えられました。これらの教授法は、学習者の母語は一切使わず、学習言語だけで指導が行われます。これらの教授法のメリットは、生徒が学習開始時から常に学習言語のインプットを受け、学習言語でアウトプットやインタラクションをする機会があることです。第1章でも述べたように、第二言語習得にはインプット、アウトプット、インタラクションが必要だと考えられています。この点をふまえると、外国語として英語を学習する環境では、生徒にとって授業がインプット、アウトプット、インタラクションの機会であるため、英語で授業を行ったほうがよいことになります。学習指導要領の解説にも以下のように記載されています。

［抜粋1］
　「授業は英語で行うことを基本とする」こととは、教師が授業を英語で行うとともに、生徒も授業の中でできるだけ多く英語を使用することにより、英語による言語活動を行うことを授業の中心とすることである。これは、生徒が、授業の中で、英語に触れたり英語でコミュニケーションを行ったりする機会を充実するとともに、生徒が、英語を英語のまま理解したり表現したりすることに慣れるような指導の充実を図ることを目的としている。

（下線は筆者）

また、次の［抜粋２］の下線部には、英語でコミュニケーションを行う機会を充実させるため、訳読や和文英訳、文法指導が中心とならないように書かれています。

[抜粋２]
　英語科の各科目の「特質」は、言語に関する技能そのものの習得を目的としていることである。しかし、このような技能の習得のために必要となる、英語を使用する機会は、我が国の生徒の日常生活において非常に限られている。これらのことを踏まえれば、英語に関する学科の各科目の授業においては、<u>訳読や和文英訳、文法指導が中心とならないよう留意</u>し、生徒が英語に触れるとともに、英語でコミュニケーションを行う機会を充実することが必要である。

（下線は筆者）

　従来、リーディング指導と称して教科書の英文を日本語に訳す英文和訳、ライティングの指導には和文を英語に訳す和文英訳が一般的に行われてきました。英文和訳は「生徒が英文を理解できているかを確認したいから」「生徒が和訳をほしがるから」という理由で導入されているようです。しかし、英文和訳だけが生徒の読解を確認する方法ではありません。また、和訳がリーディング活動の中心になっていたり、テストで和訳が出題されたりするからこそ、生徒は和訳に固執し正しい日本語訳を求めるのです。そして、特定の文法項目を文中で正しく使えるかを確認するために和文英訳は最も簡単で手っ取り早い方法かもしれません。しかし、英文和訳と和文英訳の問題点は、日本語を介さないと英語が理解できないという暗示を生徒にかけてしまうことです。前述の［抜粋１］に「生徒が、英語を英語のまま理解したり表現したりすることに慣れるような指導の充実」とありますが、英文和訳と和文英訳はこの目的を妨げることになります。さらに、コミュニケーションの点からも、これら２つの方法が自然な言語運用の環境を作りだすものでは決してあり

ません。

　では、「英語で授業を行う」とは、日本語を全く使用せず英語だけで授業をすることなのでしょうか。幸運にもこの疑問に対する回答が解説に以下のように書かれています。

[抜粋3]
　　このように、本規定は、生徒が英語に触れる機会を充実するとともに、授業を実際のコミュニケーションの場面とするため、授業を英語で行うことの重要性を強調するものである。しかし、<u>授業のすべてを必ず英語で行わなければならないということを意味するものではない</u>。英語による言語活動を行うことが授業の中心となっていれば、<u>必要に応じて、日本語を交えて授業を行うことも考えられる</u>ものである。
　　　　　　　　　　　　　　　　　　　　　　　（下線は筆者）

　英語で授業を行うことは日本語を排除してしまうことではありません。つまり、英語オンリーである必要はないのです。ただし、「必要に応じて」の部分は、その必要性を決める具体的な基準が書かれていないので、「いつ日本語を使うか」は生徒のレベルや授業内容によって教師が判断しなければなりません。無計画な日本語使用はその乱用にもつながりかねませんので、体系的な日本語使用の目安が必要です。その目安を作るためには、まず日本語を使うことの利点を明らかにしておいてから、日本語使用のタイミングを考えます。

2．日本語を使うメリット：日本語の使用は学習や指導の効果に影響するか

　英語の授業で日本語を使うことに後ろめたさを感じるかもしれません。しかし、無理に授業を英語だけで進めてしまうと、生徒が肝心なことを理解できず学習意欲が下がってしまう危険があります。そして、生徒のモチベーションが下がると、学習の効率が悪くなってしまいます[2]。

特に「英語学習のモチベーションが低い」、「英語に自信がない」、「英語がそれほど好きではない」生徒にとって、教室で使用される言語が英語だけになってしまうことは、かなりの緊張と不安を感じます。そんな心理状態では十分な学習はできません[3]。最初から英語オンリーの授業を行い、生徒にも「日本語に頼ってはいけません」というのは、泳げない人に泳ぎなさいと言うようなものです。泳げない人は、水に入るだけでも緊張してしまいます。そして、泳ごうとしても水中でもがいて沈んでしまうだけで、しまいには「泳げなくてもいい」とあきらめてしまうかもしれません。この泳げない人と同じように、英語の授業が英語オンリーでは、英語の授業が嫌になり英語学習をあきらめてしまう生徒を増やしてしまうでしょう。そこで、まだ泳げない子どもが、浮き輪やビート板をつけて泳いでいるところを想像してください。英語の授業における日本語がこうした浮き輪やビート板の役割をはたしてくれます。つまり、英語の授業も初日から英語オンリーにするのではなく、日本語を使いながら、徐々に英語の使用頻度を増やしていくのです。こうした工夫で生徒の緊張と不安を和らげ、学習動機や学習効果を下げない授業運営へとつながります。

　日本語使用のもうひとつのメリットは、授業の効率化です。外国語教育の目的は生徒の語学力を伸ばすことですから、英語ですべてを行ったために生徒が混乱して、タスクがうまくいかなかったりしては意味がありません。コミュニケーションを重視する指導法には、学習者の母語使

2　Rivers（2011）は、英語オンリーの会話の授業について日本人大学生にアンケート調査をしました。この調査に参加した大学生の自由記述には、たとえば、「単語や表現がわからない時も日本語で質問できないので、つい黙ってしまい気まずい思いをする」「英語オンリーだと内容に深みが出ない」といった回答がありました。

3　クラッシェンが唱えたモニター・モデル仮説のひとつ、情意フィルター仮説（Affective Filter Hypothesis）に関わってきます（Krashen 1982）。情意的要因（不安、自信、ためらい、自意識など）が理解可能なインプットの理解を妨げ、結果、習得が起こらないとする仮説です。この意味で、教師が生徒の情意フィルターを下げる学習環境を整える必要があります。

用について特にきまりはありませんが、暗黙の了解として「母語は使わない」と理解されているようです。しかし、「コミュニケーション能力向上を目指す授業」＝「英語オンリーの授業」ではありません。コミュニケーション指向の指導法のねらいは、コミュニケーション活動やアクティビティを通して生徒同士の学習言語によるインタラクションを増やし、コミュニケーション能力を高めることです。確実にコミュニケーション活動を行うためには、生徒は目標達成のために何をどのように行うのかを理解していることが大切です。したがって、生徒のレベルや言語活動の難易度によっては、説明や指示を日本語で行ったほうが、アクティビティのゴールや内容をより理解でき、コミュニケーション活動の効果があがると考えられます[4]。

　このように日本語の使用は学習と授業の効率化をもたらします。具体的には図9.1のようなメリットが考えられます。

　【①と②のメリット】直説法で用いられるように、学習言語と概念を直接結びつけるため、新出単語を英語で説明したり実物を見せたりマイムをしたりする語彙指導があります。ところが、この方法はすべての語彙や表現に使えるわけではなく、抽象的な概念や複雑な内容のものには生徒が正確に意味を理解できないことがあります。このような場合、日本語で説明したほうが、生徒は形式と意味を効率よく結びつけることができるでしょう。

　【③のメリット】進行形のように実際に動作をして理解を促すことができる文法項目や、比較的平易な英語で説明できる文法項目はよいのですが、形式が複雑（関係代名詞など）、概念が複雑（条件文のif節など）、あるいは複数の意味や機能を持つ（現在完了形など）項目などは、日本語のほうが効率よく説明できると考えられます[5]。

---

[4] Macaro (2001), McMillan & Rivers (2011)
[5] ただし、これは「新出の文法項目をまず日本語で説明してから、練習やコミュニケーション活動を行う」という意味ではありません。授業の流れについては、第4章2節を参照してください。

①語や文の意味が複雑で抽象的なために英語で説明すると混乱すると考えられる場合は、日本語で形式と意味を説明したほうが理解しやすい。

②単語や文の意味を実物やマイムで伝えられない、あるいは時間がかかる場合は、日本語で説明したほうが効率がよい。

③文法項目によっては、日本語で説明したほうが効率がよい。

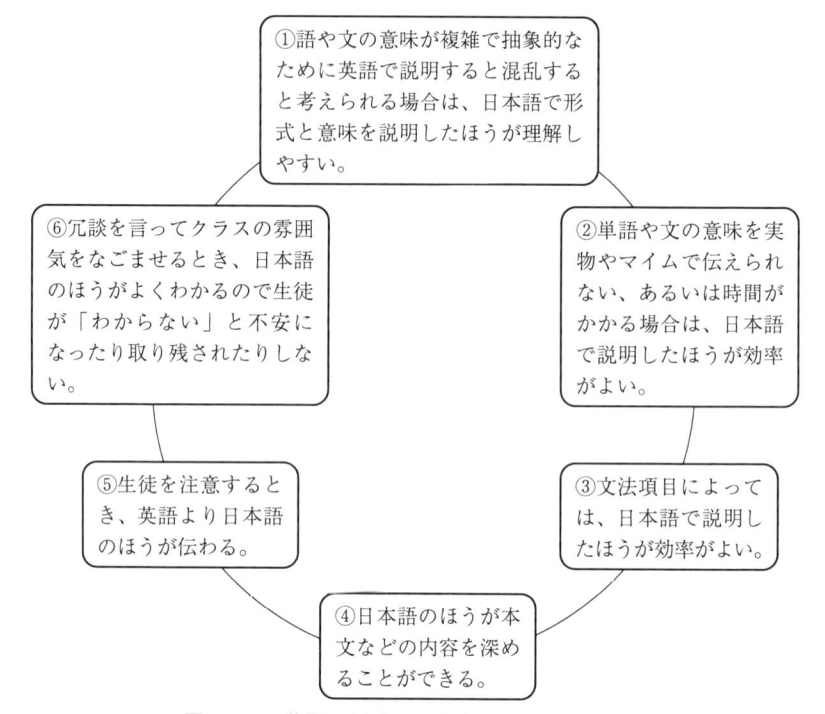

④日本語のほうが本文などの内容を深めることができる。

⑤生徒を注意するとき、英語より日本語のほうが伝わる。

⑥冗談を言ってクラスの雰囲気をなごませるとき、日本語のほうがよくわかるので生徒が「わからない」と不安になったり取り残されたりしない。

図9.1　英語の授業で日本語を使うメリット

【④のメリット】これは、英語の先生からもよく指摘されるポイントです。各レッスンの題材について知識や見識を深めるとき、英語では生徒に負担が大きいようです。題材について調べる課題も英語に限定せず、日本語の資料も参考にさせるなど、柔軟な指導を行います。

以上①から④は、学習効果を目的としたものですが、⑤⑥のように授業運営にも日本語がプラスになります。

【⑤のメリット】教室内の規律を守るために、何が問題行動でなぜその行為は不適切であるかを説明することは大切です。したがって、英語で説明をしてうまく伝わらないよりは、日本語を使ってお互いに共通理解をしておくほうが、円滑な授業運営につながります。

【⑥のメリット】冗談を言って教室内の雰囲気を和ませることは、円

滑な授業運営には有益です。しかし、英語で冗談を言っても生徒が理解できなければ、不必要に授業の流れを中断しかねません。また、理解できない生徒は取り残されてしまいます。したがって、日本語のほうがクラス全体でおかしさを共有でき、生徒の情意フィルターを下げ、結果、指導や学習にプラスの効果をもたらすと考えられます。もし英語で冗談を言うのであれば、おかしさのポイントを日本語で解説するのも一案です。

　以上、6つのメリットを紹介しましたが、これは決して日本語の使用を奨励しているわけではありません。大切なことは、授業は原則英語で行うという一貫した基本姿勢を保持しつつ、日本語を活かすことです。

3．日本語乱用を回避：日本語使用の適切なタイミングはいつなのか

　「生徒が理解できないから英語で授業はできない」というコメントを聞きますが、ここには「授業内容のすべてを全員に理解させなければならない」という教師の思いこみがあるのではないでしょうか。「理解できないから」という教師の（おそらく一方的な）判断で、授業のすべてあるいは大半が日本語になってしまっては、生徒にとって限られたインプットの機会をますます少なくしてしまいます。これは外国語学習にはマイナスです。先に紹介した学習指導要領の解説にも「英語による言語活動を行うことが授業の中心となっていれば、必要に応じて、日本語を交えて授業を行うことも考えられるものである」と書かれています。だからといって、いつでも自由に日本語と英語を切り替えて使用するのはあまり効果的とはいえません。教師が一貫性のない日本語使用をしていては生徒も混乱します。

　そこで、体系的な日本語使用の目安として表9．1を参考にしてください。

　授業を計画するときにあらかじめ日本語使用を決めておくこと（計画的使用）もできますが、授業は必ずしも計画通りにいくとは限らないので、授業を進めていく中で有効であると判断できれば臨機応変に日本語

を使用します(補助的使用)。日本語使用の必要性は教育的なものと授業運営上のものに分けられますが、前のセクションで解説した内容(前掲の図9．1を参照)と同様ですので、ここでは説明を省略します。

表9．1　日本語使用を決める目安[6]

	計画的使用	補助的使用
教育的必要性 (学習や指導効果があがる)	単語や文法を説明するときや指示を出すとき、日本語を使ったほうがよりスムーズに本来の目的を達成できると予測できる場合	説明や指示を英語で行っている最中に、日本語を使ったほうが円滑に進むと判断した場合
授業運営上の必要性 (生徒の心理面に働きかける)	日本語の使用が、生徒のモチベーションや自信をあげると予測できる場合	生徒を注意したり褒めたりする行為を日本語で行ったほうが効果的であると判断した場合

こうした目安は体系的な日本語使用のために必要ですが、あくまで目安であって絶対ではありません。したがって、あらかじめ日本語使用を決めておいても、生徒の様子や授業の進行状況から英語で行えるのであれば英語を使用します。日本語で補助を与えることは、日本語で英語の授業を行うことと同じではありません。授業の流れは一貫して英語で行うことを基本として、その中で日本語が必要な箇所を見極めることがポイントです[7]。

ここで「日本語使用が必要なことはわかるが、逆に生徒が日本語に頼ってしまうのではないか」と危惧されるかもしれません。しかし、これも教師が日本語を使うタイミングによります。たとえば、生徒の理解を確実にするため、英語で説明したことを必ず日本語でも説明するようにしていると、生徒はこのパターンに気づき「どうせ先生は日本語でも説明するから」と英語の説明を聞かなくなります。また、文法は必ず日本語

---

[6] Littlewood & Yu (2011) を参考にしました。
[7] 石渡・ハイズマン (2011)

で説明することにしていると、文法説明は聞くけれどその他の英語による指示や説明は聞かなくなってしまうかもしれません。先ほど文法は日本語で説明したほうが効率がよいと提案しましたが、文法指導は毎回日本語で行うという意味ではありません。文法事項によっては絵やジェスチャーを用いた英語の説明で、生徒が十分理解できるものもあります。したがって、授業での日本語使用のタイミングはいつも同じではなく、学習を始めたばかりのころは日本語で補助を与えるけれど、生徒が慣れてきたら英語を増やしていく、理解が容易な文法や語彙は英語で説明するなど、常に日本語と英語のバランスを考えることが大切です。

4．英語の授業で英語を使う：英語力が十分でないクラスでも英語で授業ができるのか

　第二言語習得にはインプットの役割が大きいことを考えると、できるだけ英語の授業は英語で行ったほうがよいのですが、その一方で「英語学習を始めたばかりのクラスや、英語力がそれほど高くないクラスで英語を使って授業ができるのだろうか」と考えてしまいます。だからといって日本語で授業を行ってしまうと、生徒にはインプットの機会がありません。このジレンマを解決するために、生徒に言語的なアウトプットを強要せず、非言語コミュニケーションを重視する方法があります。最も広く知られているのは、**全身反応教授法**（Total Physical Response: TPR）でしょう。TPR は子どもの母語習得からヒントを得ています。子どもたちは実際にことばを発する前から、周囲の人たちが話しかけると笑ったり声をあげたりして何らかの反応をします。つまり、非言語の反応は幼児がことばを理解していることを示唆しています。そして、しばらくしてこどもたちはことばを発して反応するようになります。こうした子どもたちの言語発達を応用し、基本語彙や基本文型を使って教師が英語で指示を出し（たとえば "Sit down, please."）、生徒はその内容を行動で示します。TPR の良い点は、聞取りによる理解に重点を置き生徒に学習言語の使用を強要しないので、生徒の情意フィルターが下がり

インプットに集中できることです。

　このTPRは**教室英語**（classroom English）として応用できます。教室英語とは教師がクラスに向かって英語で発する指示や賞賛、コメントなどを指します。ブライアン・ガードナー（Bryan Gardner）とフェリシティ・ガードナー（Felicity Gardner）が書いた『Classroom English』という本は、基本的な教室英語を紹介しています。この本の中に書かれている、教室英語を使用する際の注意点を紹介します[8]。

教室英語を使うときの注意点
- 初日から導入する。
- 初めは、ひとつの場面にひとつの教室英語に限定する。
- 慣れてきたら新しい教室英語を導入する。
- 場面に適した表現を使う。
- 手や体を使って意味を表現する。
- PleaseやThank youなどの表現も導入する。
- コメントや質問も簡単な英語を使って行う。
- 生徒に教室英語を理解するための十分な時間を与える。

　ガードナーたちは、初回の授業から教室英語を使うことを奨励しています。ただし、ひとつの場面にいくつもの異なる教室英語が可能だとしても、最初はひとつにとどめておきます。たとえば、教科書に関する教室英語では、教師が教科書の10ページを開いて、ページ番号を指しながら 'Open your books at page ten, please' を導入します。生徒が教科書の指定ページを開く指示をスムーズに行えるようになるまでは、教科書に関する教室英語はこれだけに限定します。そして、同じ場面で必ず同じ表現を使うことが大切です。生徒は繰り返し同じ表現を聞き、同じ動作をすることで、特定の教室英語に慣れていきます。教室英語を使うと

---

[8] Gardner & Gardner（2000, pp. 10-17）　原文は英語、筆者和訳。

きにその内容を手や体の動作で表すと、表現の意味がよりわかりやすくなります。もし、生徒が意味をよく理解していないようであれば、もう一度動作を伴って同じ表現をゆっくり繰り返します。ガードナーたちは、生徒に理解する時間を十分に与えることが大切だと述べています。教室英語はどれも同じ速さで理解できるようになるわけではないと心に留めておくとよいでしょう。

5．教員の英語力：ネイティブみたいに英語がしゃべれなくても英語で授業を行うのか

　英語の授業を英語で行うことにすべての英語教師が積極的であるわけではないかもしれません。その必要性や有効性を頭で理解していても、実行に移すことにはつい足踏みをしてしまう教師もゼロではないでしょう。英語で授業をすることに消極的になってしまう理由として、「英語の文法は知っているけれど話せない」「発話の文が文法的に正しいかどうかわからない」「ジャパニーズ・イングリッシュだからコミュニケーションに自信がない」などが考えられます。しかし、私たち日本人はどう頑張ってもネイティブ・スピーカーにはなれません。私たちはリンガ・フランカ英語としてのジャパニーズ・イングリッシュ使用者です[9]。この事実をふまえ、英語教師はアメリカ人やイギリス人など英語母語話者が使う英語を標準として自らの英語を批判することをやめ、ELF使用者のロール・モデルとして教壇に立てばよいのです。身近にいる英語教師が授業で積極的に英語を使うことは、生徒に「英語はコミュニケーションの道具である」というメッセージを伝えています。英語母語話者と同じ英語でなくても、ジャパニーズ・イングリッシュでも意思疎通ができるという態度で授業に取り組むことが、生徒にも自らの英語に自信を持たせることにつながるのです。「英語を知らないから英語が話せないこと」と「ネイティブの英語ではないから英語を話さないこと」とは

9　リンガ・フランカ英語については、第5部を参照してください。

根本的に異なる状況を表しています。後者は日本人が持つネイティブ信仰の言語態度が表出した見解といえます。

　もちろんジャパニーズ・イングリッシュの特徴によっては相手に理解してもらえないこともあります。特に発音の場合それが顕著のようで、たとえば、筆者がアメリカに留学していたとき、現地の英語使用者[10]に筆者の発音するMcDonald'sはなかなか通じませんでした。その一方でELF特有の音韻的特徴、語彙や文法使用などは、意志疎通に支障がないかぎり見過ごされることもあります。しかし、だからといって「通じれば大丈夫」と現状に甘んじるのではなく、私たち英語教師は英語力を向上させるための努力を、できる範囲で日々続けていくことが大切です。

【この章のポイント】

- 英語で授業を行うとは、決してすべてを英語で行うことではない。
- 日本語で補助をしながら、基本的に英語による授業運営を目指す。
- 日本語使用の目安を作って、体系的に日本語で補助をする。
- やさしい教室英語を学習開始時から取り入れることで、生徒が英語に慣れるようにする。
- 英語教師自身がリンガ・フランカ英語の話者であると自覚する。

10　アメリカの場合、相手が必ずしも英語母語話者とは限らないため、あえてこの表現を用いました。

「第3部　英語教師を悩ませる「ライティング指導」と「英語の授業」を考える」のまとめ

　第7章、第8章、第9章の内容をふまえて、Reflective Exercise の項目を検討してみましょう。

（1）【英作文の力を伸ばすために和文英訳は必要である】
　ライティング活動の中に文法指導を位置づけ、文法的に正しい文を書くことがねらいであれば、和文英訳はひとつの方法かもしれません。しかし、言語知識だけでわかりやすい文章が書けるわけではありません。また、他人が書いた日本語文を生徒が英語に訳すことは、書き手自身の主張や思いを伝達するというライティング・コミュニケーション本来の目的を果たすものではありません。準備段階として和文英訳を行い、それらを文章の中で応用するのであれば、和文英訳の意義はあるのかもしれません。ただし、こうした位置づけであったとしても、やはり常に和文英訳を行うことは、生徒が日本語を介さないと英語が使えないという不適切な習慣化につながる危険があります。

（2）【語彙や文法知識が乏しい生徒が英語で文章を書くことは、無理である】
　英語が得意でない生徒には言語面でサポートをすることで語彙や文法への負担を軽減します。たとえば、モデル・パラグラフや協同ライティングなどを用いれば、語彙や文法知識が限られた生徒も内容や構成に注意を向けながら文章を書くことができます。

（3）【生徒の英作文に出てくる誤りをすべて訂正することは、英語教師の仕事である】

　生徒と教師が「学習者」と「添削者」でいるかぎり、今後もライティング指導は後回しにされてしまいます。生徒は「先生が直してくれる」という受け身の姿勢をあらためなければなりません。提出前に自己点検をして必要なところは訂正させたり、ピア・レビューをさせたりすることで、執筆者としての自覚を持たせていきます。同時に、教師も過度の文法訂正をやめ、「読者」として生徒の英作文に向き合うことを心がけます。そもそも教師が生徒全員の英作文をこと細かく添削するのは時間と労力からして非現実的ですし、教育効果がどれほどあるかも疑問です。読者として生徒の作文に向かうことで、「何度訂正しても同じ文法項目で繰り返し誤りをしてしまう」という添削者の嘆きが少なくなることでしょう（訂正が無意味ということではありません。この議論については第2部第6章をご参照ください）。

（4）【英語の授業は生徒が英語に触れる機会なので、指示や説明を含めすべてを英語で行うほうがよい】

　SLA研究や理論では豊富な英語のインプットを与えることが必要だといわれていますが、生身の生徒を相手にする現場では英語オンリーの原則が必ずしも学習や指導の効果をあげるわけではありません。英語オンリーでは理解できない生徒の学習動機が下がってしまい、指導の効果や授業運営にも支障をきたすことは十分考えられます。したがって、無理に英語で授業を行うよりは、生徒のレベルや内容にあわせて日本語を適宜使用し学習と授業の効率化を図ります。

（5）【英語学習を開始したばかりのころは日本語だけで授業を行い、生徒が授業に慣れてきたら英語だけで授業を行うほうがよい】

　英語の授業で日本語を使う場合、英語か日本語かの二者択一ではなく、両言語のバランスを考えて取り入れることが肝要です。学習開始時

から平易な教室英語を使ったり、抽象的な概念や複雑な語彙や文法規則だけは日本語で説明したりして、日本語で補助をしながらできるところは英語で行います。また、学期が進むにつれ日本語の補助を少しずつ減らして、英語の使用頻度を増やしていき、生徒が無理なく英語に慣れる工夫をしていきます。

（6）【英語力があまり高くないクラスでは、英語で授業を行うことは無理である】

　生徒がある程度の英語力を身につけるまで待つ必要はありません。ガードナーらが提案しているように、学習初日から教室英語を導入し、ジェスチャーも交えながら同じ場面で同じ表現を使っていると、生徒は表現に慣れていきます。

第4部

目に見えない力を評価する

【Reflective Exercise】

　それぞれの項目について、自分の考えに一番あてはまるものをひとつ選んで□に✓をつけてください。

(1) 中間試験や期末試験の結果から生徒の英語力がわかる。
　　□思わない　　□どちらかと　　　□どちらかと　　□思う
　　　　　　　　　　言うと思わない　　言うと思う

(2) 文章に出てくる語句の意味と文法項目を問う設問で生徒の読解力がわかる。
　　□思わない　　□どちらかと　　　□どちらかと　　□思う
　　　　　　　　　　言うと思わない　　言うと思う

(3) テストの結果が良くないのは、生徒の勉強不足である。
　　□思わない　　□どちらかと　　　□どちらかと　　□思う
　　　　　　　　　　言うと思わない　　言うと思う

(4) 多肢選択のテストを作ることは、それほどたいへんではない。
　　□思わない　　□どちらかと　　　□どちらかと　　□思う
　　　　　　　　　　言うと思わない　　言うと思う

(5) 出題範囲であれば、どのような出題形式でも生徒は解答できるはずである。
　　□思わない　　□どちらかと　　　□どちらかと　　□思う
　　　　　　　　　　言うと思わない　　言うと思う

中学校や高校では、中間試験、期末試験、実力テストなどを実施して生徒の学習内容の理解度、あるいは定着度を測定します。こうしたテストでは、「知識」や「能力」といった目に見えない力が「数値」という目に見える形で表されます。そして、この数値は順位づけや合否判定に利用されることで、生徒の将来を決定してしまう影響力を持っています。それゆえ、テストの作成は慎重に行わなければなりません。そこで第4部では、目に見えない「英語力」をできるだけ客観的かつ的確に測定するために、英語教師が知っていなければならないことを取りあげます。

　第10章では生徒の英語力やスキルをテストする場合、具体的に何を測るのかを考えます。英語力やスキルは抽象的な概念ですので、いくつかの具体的な下位能力あるいは下位スキルに分けることで、測定可能となります。特にスピーキング、リスニング、リーディング、ライティングは言語活動として授業でも行われますが、それらを運用能力として測定するためには、どのような下位スキルを設定すればよいのかを解説します。そして、外国語教育との関わり、目的別によるテストの分類に触れ、さらに、テスト結果について考えます。テストの主たる目的は生徒の英語力を測定することですが、その結果は指導効果、学習内容、出題形式についても有益な情報を与えてくれます。第11章では、テストの作成と採点について具体的に考察します。生徒の英語力を的確にかつ公正に測定するテストを作成するための条件を紹介し、実際のテストを検証しながらテスト内容や出題形式について解説をします。また、採点方法もテストの結果を左右します。英作文や会話テストなど、あらかじめひとつの正解がないテストの採点方法について提案します。

第10章

「英語のテスト」が測定しているもの

　筆者が高校生のとき、実力テストの結果はいつも職員室の廊下に張り出されていました。その順位を見て一喜一憂したことを覚えています。テストの結果はこうした順位づけに使われたり、入学試験では合否判定に使われたりします。学校教育で頻繁に実施されるテストですが、本章ではあらためて以下の点から「英語のテスト[1]」を考察します。テストで測定できる「英語力」や「技能」とは具体的にどのような力や能力なのでしょうか。目的によってどのようなテストがあるのでしょうか。また、「テストの結果」は何を意味しているのでしょうか。

1．「英語力」の測定：テストは英語力の何を測定するのか

　私たち英語教師は抽象的で形のない英語力を測定可能なものに置きかえてテストを実施しています。また、その結果が生徒の英語力を示していると仮定しています。たとえば、単語テストは正解の合計を数値化し、その数字が生徒の語彙力を表しているとみなします。この場合、数値が高ければ高いほど、語彙力があると解釈します。また、語彙が英語力を構成する単位であることも前提としています。つまり、「英語力」はいくつかの下位能力からなっていると考え、それらを個別に、あるいはいくつかを統合して測定します。

---

[1]　「テスト」という用語が最もなじみのあることばですが、その他に「測定」「アセスメント」「評価」という用語も使われます。それぞれ定義があり、それについては石川・西田・斉田（2011, pp. 30-31）を参照してください。

日本の教育現場で英語のテストといえば、学習言語の語彙や文法をどの程度理解しているか、あるいは身につけているかといった言語能力[2]、特に文法能力の測定に偏りがちです。しかし、総合的な英語力を測定するためには、「その言語知識を使って適切なコミュニケーションができるか」という運用能力も視野に入れたテストが必要です。特に「英語コミュニケーション能力の向上」が目標に掲げられてから、英語コミュニケーション能力を測定するテストが求められています。ただし、これは従来行われてきたような語彙や文法のテストが要らないという意味ではありません。適切な言語運用には言語知識を身につけている必要があるので、語彙や文法の理解と定着をテストで確認することも必要です。大切なことは、英語力を測るためには言語知識と言語運用能力をバランスよくテストすることです。特に言語知識の測定といえば、既習の文法項目の確認に終始しているテストを、談話能力や社会言語能力（たとえば、談話の中で特定の文法項目が適切に使用できるか）も考慮したものにするなどの工夫が必要です。そして、的確な英語力測定のためには、教師が「コミュニケーション能力」の構成概念を適切に理解しており、英語力の何（下位能力）を何のために（目的）測定するかを明らかにすることがテスト作成の大前提です[3]。

2．スキルの測定：具体的にどのような能力をテストするのか

　英語力はその運用形態によって、**リスニング・スキル、スピーキング・スキル、リーディング・スキル、ライティング・スキル**に分けられます。リスニングとリーディングは言語理解の能力、スピーキングとラ

---

[2] コミュニケーション能力に含まれる言語能力には、文法能力の他に、談話能力、社会言語能力、機能能力が含まれます。詳しくは【本書を読む前に】（4）コミュニケーション能力を参照してください。

[3] 以前、筆者が担当した英語教員研修で「コミュニケーション能力」の定義を尋ねてみました。回答のほとんどは、「コミュニケーションをする力」「意志疎通する力」「相手の言うことを理解し、こちらの意志を伝える力」でした。何気に使われている「コミュニケーション能力」ということばですが、教師自身の理解がとても漠然として具体性に欠ける認識であることがわかりました。

イティングは言語産出の能力に分類されます。

　まず、理解に関わるリスニングとリーディングでは、聞き手または読み手が音声または文字を手がかりとして、話し手または書き手の意図を理解していきます。しかし、理解の過程において、聞き手や読み手は語彙や文法に表れる言語情報だけを頼りに理解するわけではありません。発話や文章の理解には、語彙や文法に注目して理解を進めるプロセス（ボトム・アップ処理）と、コンテクストに関連する背景知識を用いて予測・推測するプロセス（トップ・ダウン処理）が関わっていると考えられています[4]。つまり、語彙や文法規則だけでは正しい聴解や読解はできないのです。したがって、リスニングやリーディングの設問が文法に特化していては、生徒が発話や文章の内容を理解しているかは測定できません。

　そこで、リスニングとリーディングのスキルを適切に測定するため、まず、これらのスキルがどのような下位スキルに分解できるかを考えてみましょう。これまでに下位スキルはいくつか提唱されており、図10.1はそれらを参考に作成しました[5]。

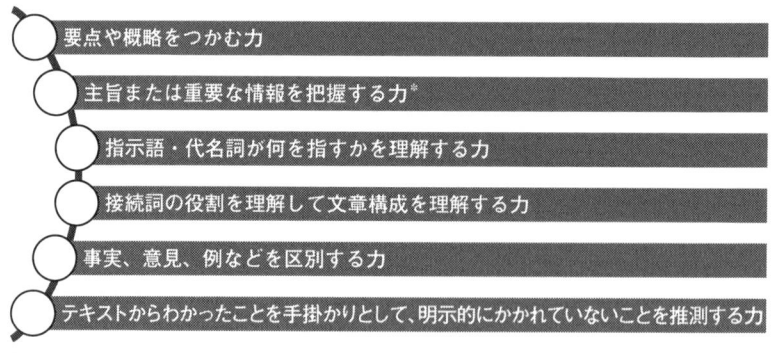

○ 要点や概略をつかむ力
○ 主旨または重要な情報を把握する力*
○ 指示語・代名詞が何を指すかを理解する力
○ 接続詞の役割を理解して文章構成を理解する力
○ 事実、意見、例などを区別する力
○ テキストからわかったことを手掛かりとして、明示的にかかれていないことを推測する力

*主旨と補助部の区別、例と陳述の区別、命題とそれへの反論の区別、事実と意見の区別などができる力も含む

図10.1　理解力の下位スキル

---

[4]　門田（2007）
[5]　石川・西田・斉田（2011, p. 175）と菅井（2006, p. 8）を参考にしました。

第10章 「英語のテスト」が測定しているもの

語彙や文法を知っているからといって、それだけで発話や文章の内容が理解できるわけではありません。たとえば、文章中の in other words の意味を尋ねる質問に生徒が「言い換えれば」と解答したとしましょう。もちろんこの解答は正解です。しかし、コンテクストから切り離して表現の意味だけを尋ねても、それは言語知識の測定に終わってしまい、読解力の測定にはつながりません。つまり、in other words は文章中のどの部分をどのように言い換えているかを質問しなければ、生徒がどの程度文章を理解できているかを知ることはできません。したがって、読解力の測定にはそれにふさわしい出題形式を考える必要があります。

次に、スピーキング・スキルとライティング・スキルは、言語運用能力を指し、一般的に**パフォーマンス・テスト**（performance test）で測定されます。生徒は目標言語の言語知識を駆使し、場面設定やテーマ、聞き手や読み手を考慮してそれらに適切な発話または文章を作り上げていきます。こうしたパフォーマンスを通してスキルを測定するためには、やは

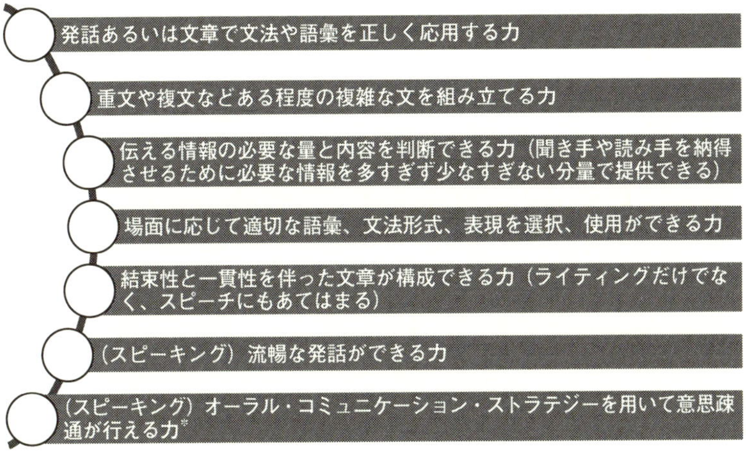

- 発話あるいは文章で文法や語彙を正しく応用する力
- 重文や複文などある程度の複雑な文を組み立てる力
- 伝える情報の必要な量と内容を判断できる力（聞き手や読み手を納得させるために必要な情報を多すぎず少なすぎない分量で提供できる）
- 場面に応じて適切な語彙、文法形式、表現を選択、使用ができる力
- 結束性と一貫性を伴った文章が構成できる力（ライティングだけでなく、スピーチにもあてはまる）
- （スピーキング）流暢な発話ができる力
- （スピーキング）オーラル・コミュニケーション・ストラテジーを用いて意思疎通が行える力[*]

[*] 相づち、*I see* や *Really?* といったつなぎ語などのディスコース・マーカー、理解の確認、または「わからない」という意志表示をするなどの方略[6]

図10.2　産出力の下位スキル

---

[6] Nakatani (2006, 2010)

り下位スキルを定義する必要があります。図10.2は、会話テストやライティングの評価に筆者がこれまで使用した下位スキルを示しています。

こうした下位スキルを明確にすることは、パフォーマンス・テストの評価項目にも関わってきます。スピーキング・テストやライティング・テストの具体的な採点法は第11章で解説します。

3．テストと理論：外国語教育理論はテストの目的や出題形式に影響するのか

英語力を測定するテストは、その時代における言語理論、教育観などと無関係ではありません[7]。それによって、テストの目的や出題形式が左右されてきたといってもよいでしょう。まず、1960年代の言語学は構造主義が主流で、言語は小さな単位が規則によって構造を成すものと考えられていました。そこから、言語を構成する単位は個別に学習ができ、かつ別々に測定できるという前提で、**個別項目テスト**（discrete point test）が用いられました[8]。このテストは、文法知識、音声（アクセントや発音）、単語など独立した項目を取りあげており、言語知識を部分的に測定しています。しかし、本来の言語使用には個別の言語知識を統合しなければならず、そのためには必要な言語知識を選択、統合する能力も必要になります。

そこで、1970年代に学習者の言語能力を総合的に測定するテストとして**統合的テスト**（integrative test）が用いられました。クローズ・テスト（cloze test）はその代表です。このテストでは文章中の単語が数語おきに、あるいは一定の品詞の語が空欄になっており、適切な語でその空欄を埋めていきます。空欄に適切な語を書きこむためには、文脈を理解しなければならないので、語彙知識と文法知識に加え、ディスコースの知識[9]、文脈から推測する能力が必要です。生徒はこうした知識や能

---

[7] 菅井（2006）
[8] discrete point testは、部分的テストまたは個別的要素テストとも訳されます。

力を駆使して空欄に入れる語を文脈から予測し、その品詞や活用形も考えて正しい綴りで書かなければなりません。この意味でクローズ・テストは統合的な言語能力を測定します。

　しかし、コミュニカティブ・アプローチが生まれ「コミュニケーション能力」が重視されるようになると、実際の使用場面を想定し、場面に応じた適切な言語運用できるかを評価する、**パフォーマンス・テスト**が使われるようになりました。このテストは、コミュニケーション能力の測定が目的であることから、**コミュニカティブ・テスティング**とも呼ばれます[10]。コミュニケーションというと、オーラル・コミュニケーションだけが取りあげられる傾向にありますが、ライティングもコミュニケーション手段ですので、話す力だけでなく書く力もパフォーマンス・テストで測定します。

　日本の英語教育でもコミュニケーション能力が重視されていますが、その一方で、学校では未だ伝統的な指導法（文法訳読法、オーディオ・リンガル・メソッド）や個別項目テストに偏っており、授業実践と到達度の評価が英語教育の目標に合致しているとはいえません。これは、日本の英語教育が今もって「文法規則ありき」を出発点にしているため、言語知識の測定がテストの目的になってしまうことが理由として考えられます。そこで最近では、このギャップを是正するため「英語で何ができるか」を記した **CAN-DO リスト**の作成が奨励されています[11]。それに従って、CAN-DO リストで示された学習到達目標を考慮した指導や評価が検討されています[12]。

9　文章が一貫性と結束性のある構成であることを前提に、理解した個別の文が表す意味内容をつなげ、背景知識も考慮しながら文脈を理解していくための知識。たとえば、代名詞、接続詞（例　However, although）、つなぎの語句（例　On the other hand, First of all）などがどのような役割を果たしているかを知らなければ、文章全体の内容が把握できません。

10　菅井（2006）

11　2011年6月に「国際共通語としての英語力向上のための5つの提言と具体的施策」が発表されました。その中で、中・高等学校に「学習到達目標を『CAN-DO リスト』の形で設定・公表する」ことが求められています。

このようにテストはその時代の言語教育観を反映しています。ただし、「個別項目テストはもう古い」とか「もう使われていない」というわけではありません。特定の文法知識や単語のテストは今でも行われますし、ディクテーションのような統合的テストも利用されています。大切なことは、テストの目的や測定する能力によってどのようなテスト形式と内容が適切であるかを見極めることです。

4．テストの目的：テスト結果をどのように活用するか

本節では、テストが実施される目的について概観します。「英語のテスト」には、中間試験、期末試験を始め、TOEIC、TOEFL、英検、国連英検などいろいろありますが、これらは異なる目的で実施されます。実施目的によって、テストは主に以下のように分類されます。

到達度テスト (achievement test)	熟達度テスト (proficiency test)	診断テスト (diagnostic test)	レベル分けテスト (placement test)
前もって決められていた学習目標が、一定の学習期間において、どの程度達成されたかをつかむ。	その時点でどの程度の外国語運営能力を持っているかを測定する。	学習者が持つ弱点を見つけるために行う。	生徒のレベルを決めるためのテスト。学期の初めに行い、テスト結果をクラスわけなどに使う。

図10.3　目的による分類

12　『英語教育』2012年10月増刊号〈特別記事〉CAN-DO リストで「できる」こと―作成とその実践を参照してください。さらに CAN-DO リストについて、その歴史的背景や詳細を知るために『CAN-DO リスト作成・活用　英語到達度指標 CEFR-J ガイドブック』（投野，2013年）をお薦めします。CEFR-J には、日本人英語学習者を対象に、12段階に分けられたレベル毎の英語運用の到達目標が具体的に記述されています。

中学校や高校で行われる中間テスト、期末テストは**到達度テスト**に分類されます。このテストのねらいは、生徒が授業で学習した内容をどの程度理解できたかを測定することです。したがって、テストする内容はあらかじめ生徒に出題範囲として知らされることが多く、生徒もその範囲を学習（復習）してテストに臨みます。**熟達度テスト**は、生徒がテストを実施した時点で持っている英語力を測ります。TOEICやTOEFLがその例です。学習経験や学習年数の異なる受験者が同じテストを受け、そのときに個人が持つ英語力が点数として示されます。出題範囲はありませんが、受験者は過去に出題された問題に解答することで出題形式に慣れておくことができます。**診断テスト**は、生徒の言語知識や運用能力（リスニング、スピーキング、リーディング、ライティング）において得意と不得意の分野を判別します。個別の生徒の得意・不得意なところ（リスニングはできるが、リーディングが弱い生徒、文法問題はできるが応用ができない生徒など）がわかれば、個人にあった指導ができます。**レベル分けテスト**は入学時や学年、学期が始まる前に行われ、テスト結果に基づいて同じような学力を持った生徒をひとつのクラスにします。学力がバラバラの生徒が一緒に授業を受けるよりも、ある程度同じ学力の生徒が集まっていたほうが効率よく指導ができます。

　このように、テスト結果を何に活用するかによってテストが分類されています。目的によって測定する能力や出題形式も異なってきますので、テストの目的を明確にしておくことが大切です。そして、テストの目的を明らかにするとき、テスト結果をどこへつなげるかを意識します。たとえば、単語テストを行う理由を聞くと、「生徒がどの程度単語を覚えているかを確認すること」という回答が返ってくるでしょう。それでは、なぜ確認が必要なのでしょうか。その理由として、たとえば、ホームタウンについてスピーチを書くために必要な単語の理解を確認する、1学期に学習した単語の定着度を確認することで2学期の語彙指導の効率化を図るなどがあげられます。このように「どのような力（下位能力、下位スキル）を測定し、その結果をどこにつなげていくか」つま

り、次の段階をふまえることで、テストの目的がより具体的で明確なものになります。

5．テスト結果と指導：テスト結果は何を教えてくれるか

　テストの結果は生徒の英語力を判断する貴重な情報源です。テストの結果で生徒は一喜一憂します。また、教師は中間テストや期末テストの結果をもとに、生徒の理解度あるいは定着度を判断します。しかし、テスト結果は生徒の英語力だけでなく、教師の指導や授業運営についても考える機会を与えてくれます。テストの出来具合は、図10.4に示すように、**指導効果、授業内容の難易度、到達目標の適切さ**も反映しています。したがって、テストがよくできていたのはもちろん生徒が一生懸命勉強した結果なのですが、指導が効果的であった、授業内容が生徒のレベルに適していた、学習ゴールが生徒の到達可能なものであったなど、教える側からの理由も考えられます。逆にテスト結果があまり良くなければ、それぞれの要因を再検討することも必要です。

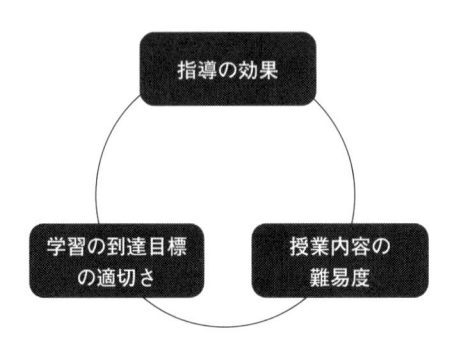

図10.4　テスト結果を参考に教師が再検討したいこと

　また、以下に示すように、結果が悪かった原因としてテストの出題形式や解答方法の不適切さも考えられます。

　(a)　これまで見たことも練習したこともない出題形式や解答方法だっ

た
(b) 問題数が多すぎた
(c) テストの指示文がわかりにくかった
(d) 学習していない内容が出題されていた

　(a) は、しっかり勉強して自信を持ってテストに臨んでも、出題形式が初めて見るものだったり指示文がすべて英語で書かれていたりすると、それらを理解するのに手間取ったり、慣れていないために緊張してしまったりして、せっかく勉強したことを十分に発揮できない場合です。筆者が初めて TOEFL を受験したとき、英語の説明を読んだり聞いたりするだけで緊張して疲れてしまい、あまりよくできなかった記憶があります。次に、(b) のテスト時間の大切さについて教師は過小評価してしまうことがあります。ついあれもこれもと出題したくなりますが、問題が多すぎると生徒が時間内に解答できず、せっかく勉強しても十分に成果をあげることができません。さらに、(c) 不明瞭な指示文は、生徒の解答に影響し、その結果適切な測定ができないことがあります。筆者の経験を『ちょっとひといき』(pp. 173-175) に書きましたので、参照してください。(d) も注意が必要です。学習した内容の理解を確認する中間試験や期末試験などの到達度テストで、未習の内容を出題するのは、テストの目的から考えて不適切ですし、生徒に対しても公平ではありません。

　最後に、テストの結果が良かった、悪かったと一喜一憂するだけなく、出題した問題と生徒の解答を細かく分析することも大切です。全体的に平均点が良いので一見して「できている」と思われるテストでも、個々の設問を再検討してみると案外その出来具合にバラつき、つまり正解率が高い設問とそうでない設問があったりします。また、生徒の誤答を分析することで、生徒の誤答に特定のパターンがあったり、学習者としての典型的な誤りが見つかったりします。そして、これを必ず生徒に指導という形で還元します。設問と解答を分析することは、より適切な

テストの作成と今後の指導にヒントを与えてくれます。テストの後、生徒にできなかったところを復習するようにいいますが、教師も同じようにテストを復習する必要があるのです。結果が出たら終わりではなく、次に活かしていこうという姿勢が大切です。

【この章のポイント】

- テストの作成には、その目的と測定する下位能力を明らかにすることが大切である。
- リスニングとリーディングは**言語理解**の能力、スピーキングとライティングは**言語産出**の能力に分類され、それぞれ下位スキルに分けられる。
- テストで測定する能力や出題方法は外国語教育理論に影響を受けてきた。
- テストは実施目的によって、到達度テスト、熟達度テスト、診断テスト、レベル分けテストに分類される。
- テスト結果は生徒だけでなく、教師にも有益である。

第10章『ちょっとひといき』

英語力を適切に測定するための指示文

　指示文が不明瞭な設問は採点が厄介になります。以下に筆者の体験を具体例として紹介します。英語の文章を読み質問に答える読解のテストで、次のような質問を出題しました（一部抜粋）[1]。解答方法の指示文は Write the answers to the questions based on the story. でした。

（1）　How many children did Greta have?
（2）　What did "GG" indicate?

　まず、設問（1）に対して以下のような解答がありました。

解答1（正解）	：She had 8.
解答2	：eight
解答3	：8
解答4	：eight children
解答5	：She has 8.
解答6	：8人

　次に設問（2）の解答です。

解答1（正解）	：It indicated Grandmother Greta.
解答2	：Grandmother Greta
解答3	：It indicate Grandmother Greta.
解答4	：Grandmother Greta を表している。

---

[1] 筆者が授業で使った『Real Reading 2: Creating an Authentic Reading Experience』（Pearson Longman）の Unit test 9 を参考に作成した問題です。

複数ある解答のうち、設問（1）と設問（2）のいずれも解答1が文法的にも内容的にも**最も正しい解答**です。ここであえて「最も正しい」と書いたのは、他の解答も間違ってはいないからです。ただし、正解として○をつけることには躊躇します。解答1以外の解答は問われている内容に数字や名詞句だけを書いているだけだったり（設問（1）の解答2・3・4、設問（2）の解答2）、動詞が過去形になっていなかったり（設問（1）の解答5は現在形、設問（2）の解答3は原形）、日本語で解答していたりしています（設問（1）の解答6、設問（2）の解答4）。しかし、それらは、少なくとも生徒が正しく文章を理解して正しい情報を把握していることを示しています。解答の英文に誤りがあったとしても、このテストは文法知識を問うものではありませんので、誤りを理由に減点するのはテストの目的（読解力の測定）から見て不適切です。また、指示文には「文で解答しなさい」や「英語で解答しなさい」という指示はありませんので、数字や名詞句での解答や日本語での解答は間違いにはなりません。したがって、解答1以外をすべて誤答としてしまうことは、生徒が理解できているのにできていないとみなすことですから、生徒の読解力を正しく測定していません。この原因は、不適切な指示文です。このように明確な指示が書かれていないと、異なる解答すべてに対処するために頭を悩まさなければなりません。

　英語の設問について、もうひとつ筆者が経験から学んだことを書きます。読解問題で質問を学習言語で出題することがありますが、このとき気をつけなければならないことはその解答方法です。読解の設問を英語で書くのは構いません。ただし、その英文は文章中に出てくるものは避けること、そして解答は日本語で書くように指示します。なぜなら、文章中と同じ単語と構文で質問が書かれていると、文章の中に類似の文を見つけ、その文をコピーする生徒がいたりするからです。たとえば、先の読解問題で文章中にある Grandmother Greta raised five sons and three daughters. の内容を問う質問を How many sons and daughters did she raise? としてしまうと、生徒は文章にある上述

の文をそのまま書き写すことができます。当然、書き写した文は正解です。しかし、これは単語や文の意味を理解しなくてもできる作業ですから、生徒が文章を理解して正解に至ったとはいいきれません。実際の設問では、raise を have に、sons and daughters を children に変更しました。さらに、英語で出題し日本語で解答させるほうが生徒の文章理解の程度をより的確にチェックできます。

第11章

本当に「測定したい」力を測定するために

　私たちは一生のうちに実にさまざまなテストを受けます。レベル分けテストでクラス編成が行われ、入学試験で合否が決められます。このように私たちがテストの結果を利用するのは、テストが私たちの力を適切に測定していると信じ、その結果を信用しているからです。したがって、テストが不適切であれば、その結果も正しくないことになるので、テストの作成には慎重さが求められます。そこで、この章では公平かつ客観的なテストの作成と採点のために留意すべきことを取りあげます。

1．テスト作成の基準：英語力を適切に測定するためにどのようなテストを作るべきか

　生徒の英語力を測定するためには、実施する目的（何のために何を測定するか）に応じた適切なテストを作らなければなりません。「良い」テストとは、測定したい生徒の知識や能力を、自然に導き出せる使用状況で測定しており、テストを受ける生徒がどのような実施環境においても同じ結果が得られるテストです。このようなテストを作るためには、以下にあげる4つのポイントを考える必要があります。

第11章 本当に「測定したい」力を測定するために

```
        信頼性
      (reliability)

実用性              構成概念妥当性
(practicality)    (construct validity)

        真正性
     (authenticity)
```

図11.1 「良い」テストを作る条件

信頼性 (reliability) テストは、測定したい言語能力を一貫して測定することが必要です。たとえば、同じクラスで同じテストを昨日と今日の2回行ったら、1回目と2回目の平均点にかなりの差が出るようなテストは、あまり信頼できるとはいえません。同じテストを同じ人が同じ条件で受けたとき、その都度同じ結果が出ると、そのテストは信頼性が高いとみなされます。

構成概念妥当性 (construct validity) [1] 聴解力を測るために、CDを聞きながら穴埋めをさせるディクテーションを用いた場合、このテストは本当に生徒のリスニング・スキルを測定しているのでしょうか。ディクテーションは英語の音を聞き分け、単語として認識し、それを正しいスペルで書くことができる力を測定しているので、聞き取れた情報量と内容理解の程度を測っているわけではありません。この意味で、ディクテーションは聴解力を測定するテストとして妥当ではないことになります。妥当性とは、このようにテストが測るべき能力をどの程度適切に測っ

---

[1] 従来、妥当性は、表面妥当性（face validity）、内容妥当性（content validity）、構成概念妥当性（construct validity）、併存的妥当性（concurrent validity）、予測妥当性（predictive validity）の5種類に分けられていましたが、最近は構成概念妥当性を中心としたひとつの概念であると考えられています（石川・西田・斉田 2011, Bachman 1990）。

ているかの度合いを指します。

真正性（authenticity） テストの出題方法や回答方法がどれほど実際の言語使用に近いかを意味しています。テストのための不自然なコンテクストではなく、現実世界で生徒が学習言語の使用を必要とする、自然なコンテクストを想定し、また、そのような場面で現実的かつ自然な言語使用ができる出題方法でテストする必要があります。ただし、日本のように外国語として英語を学習している場合、教室内で現実世界と同じ言語使用の状況を作りだすことは難しいかもしれません。しかし、この限界を認識しつつ、できるだけ実際の使用場面に近い状況を作りだす努力をします。

実用性（practicality） 実施のしやすさ、採点のしやすさなどの度合いを指します。どんなに信頼性、妥当性、真正性が高いテストであっても、作成、実施、採点が可能でなければ、実用性が高いとはいえません。

　テストがこれらの4つの条件を満たしていれば、言語能力を的確に測定する有用なテストとみなされます。しかし、すべての条件を十分に満たすテストを作成しようとすれば、「テスティング」という研究分野の専門知識や統計などの手法を必要とします。もちろん「テスティング」や統計の知識を持っていればテストの作成に有益ですが、テストを実施する度に上述の条件を満たしているか否かを厳密に検討することは、教育現場の現実を考えると時間と労力の点から非常に困難です。したがって、上述の条件を意識してテストを作成したら、第三者（同僚の英語教師など）に指示文の文言や選択肢を確認してもらう、実際に問題に解答してもらい意図する解答が得られるかを確認するなど、適切なテストを作成するためできる限りの努力と工夫をします。

2．客観テスト：作成も採点も簡単なのか

　採点する方法によってテストは**客観テスト**（objective test）と**主観テスト**（subjective test）に分けられます。客観テストは、内容の正否

に応じて選択肢に○×をつけたり、数字やアルファベットの選択肢から正解を選んだり、空欄を適切な語句で埋めたりする形式が一般的です[2]。主な客観テストには以下のような出題形式があります。

① 正誤判断（true-false）
② 多肢選択（multiple-choice）
③ 空所補充（gap-filling）
④ 順番並べかえ（rearrangement）
⑤ クローズ・テスト（cloze test）
⑥ ディクテーション（dictation）

客観テストの利点は、あらかじめ正解が決まっているので誰が採点しても同じ結果になり、採点時間も主観テストに比べるとかからないことです。しかし、採点は容易ですが、適切な設問や選択肢を作ることは決して簡単ではありません。**正誤判断**、**多肢選択**、**空所補充**はよく用いられる客観テストですが、これらのテストを作るためにはいくつか検討しなければならない問題点があります。図11.2を見てみましょう。

---

[2] 「客観テスト」は採点方法が客観的であるという意味であり、決して英語力を客観的に正しく測定するテストという意味ではありません。（配点も含め）テストを作る行為自体が主観的であるため、客観的なテストそのものが存在しないといえます（松村 2009）。

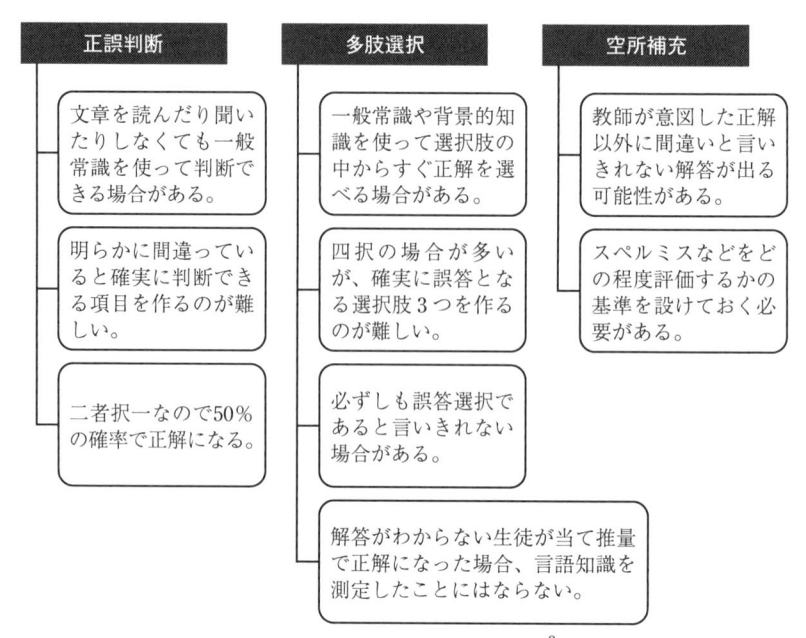

正誤判断	多肢選択	空所補充
文章を読んだり聞いたりしなくても一般常識を使って判断できる場合がある。	一般常識や背景的知識を使って選択肢の中からすぐ正解を選べる場合がある。	教師が意図した正解以外に間違いと言いきれない解答が出る可能性がある。
明らかに間違っていると確実に判断できる項目を作るのが難しい。	四択の場合が多いが、確実に誤答となる選択肢3つを作るのが難しい。	スペルミスなどをどの程度評価するかの基準を設けておく必要がある。
二者択一なので50%の確率で正解になる。	必ずしも誤答選択であると言いきれない場合がある。	
	解答がわからない生徒が当て推量で正解になった場合、言語知識を測定したことにはならない。	

図11.2 　客観テストの問題点[3]

　正誤判断問題や多肢選択式の作成は簡単だという印象があるかもしれませんが、実は、選択肢を作ることはとても骨の折れる作業です。選択肢の文言や内容を十分に検討せずにテストを実施してしまうと、選択肢が不適切で測定するつもりだった知識や能力が測れなかったということにもなりかねません。そのような事態を避けるために、選択肢を作ってからしばらく時間をおき、あらためて選択肢を検討したり、第三者に解答してもらったりして、選択肢が適切かを確認する必要があります[4]。それでは、どのような出題が不適切なのかを、具体的な設問例を見ながら考えてみましょう[5]。

---

[3] 松村氏からのコメントや若林・根岸（1993）を参考に筆者の経験も交えて問題点をあげました。

[4] コーパスを使って使用例を確認することもできます。たとえば、different と共起する前置詞を問う多肢選択式テストで to や than を誤答にすると、コーパスにはそれらの使用例があるので、実際には誤答ではないことがわかります。

第11章 本当に「測定したい」力を測定するために

【正誤判断式テスト項目の例】

　以下の例は、与えられた文章の内容にもとづいて、英文の内容が正しいか正しくないかを判断する読解問題からの引用です。

　　（　　　　）Water becomes ice at 0℃.

出題のねらいは英文読解力ですが、「水が摂氏０度で氷になること」は本文を読まなくても、一般知識から正しいと判断できてしまいます。したがって、この項目が正解だったとしても、必ずしも生徒が文章を正しく理解して解答しているとはいえません。このように、本文の内容に基づいて正否を問う場合、文章を読まなくても一般知識や特定の分野の知識で解答できるものが含まれていないかを確認する必要があります。

【多肢選択式テスト項目の例】

　次は個別項目テストからの出題例で、与えられた主語 my friend と目的語 my birthday から推測できる動詞をひとつ選ぶ問題です。

　　My friend ＿＿＿＿＿＿＿＿＿＿＿＿＿＿＿ my birthday.
　　(a) celebrated　　(b) gave　　(c) destroyed　　(d) kicked

この問題は (a) celebrated が正解となるように作成されましたが、(c) destroyed も現実世界では十分にあり得ることです。ですから、選択肢 (c) を選択しても間違いにはならないでしょう。こうしたケー

5　若林・根岸（1993）の『無責任なテストが「落ちこぼれ」を作る―正しい問題作成への英語授業学的アプローチ』も参考になります。タイトルも興味を引きますが、内容も実際の出題例を用いて解説されており、テストの作成に有用な一冊だと思います。

【空所補充式テスト項目の例】

　以下の問題では空欄に助動詞を入れるのですが、可能な助動詞はひとつとは限りません。出題した教師の意図は will だったのですが、ネイティブ・スピーカーによればここは might でもよいそうです。

　　A: What's your plan for this summer?
　　B: I think I ＿＿＿＿＿＿＿＿＿＿＿＿ visit my parents in London.

したがって、will を正解とするのであれば、確実に正解がひとつとなるコンテクストを作らなければなりません。あるいは、コンテクストはそのままで可能な解答をすべて正解とします。

　このように、テストに不適切な問題や選択肢があると、測定するつもりだった知識や能力以外のものを測定してしまう危険性があります。さらに、解答方法が複雑な設問も要注意です。特に次のような**順番並べかえ**は正解に至るまでに大きな手順が2つあります。

【順番並べかえの例】

　次の日本文に合うように、（　）内の語句を並べかえたとき、（　）内の3番目と7番目にくる語を記号で答えなさい。3番目-7番目の順で答えること。
　　1. トムがいつ東京からもどってくるか知りません。
　　　　（ア　Tokyo　イ　when　ウ　know　エ　coming

オ is　カ I　キ from　ク Tom　ケ don't
コ back）

　まず、生徒は与えられた複数の単語を並べかえます。そして、3番目と7番目にくる単語だけを解答用紙に記入します。しかし、この3番目と7番目の語を記入する際、何らかの理由で数え間違えをして2番目と6番目の単語を記入してしまうかもしれません。その場合、この生徒は語の並べかえは正しくできていたのに、順番を間違えたため不正解になってしまいます。この例は、言語能力を測定するはずのテストが、順番を正しく数えられる能力の有無といった、テストが本来測定する能力とは無関係の力を測定してしまう可能性が潜んでいることを示しています。
　次に文法の個別項目テストを取りあげます。以下の例は現在完了形の理解を確認する二者択一選択テストです。

【選択式の文法テストの例】

（　）内から適切な語（句）を選びなさい。
（1）John（ア lived／イ has lived）here since 2010.
（2）When（ア did you see／イ have you seen）her last time?
（3）A: I（ア found／イ have found）three cats in the park yesterday.
　　　B:（ア Did you find／イ Have you found）their owner yet?
　　　A: No, I haven't. But I'll tell my aunt about the cats. Her cat（ア died／イ has died）two months ago.

　生徒は過去形と現在完了形のいずれかを選ぶのですが、文中にヒントがあるため、生徒は文の意味を理解しなくても正解を選ぶことができます。（1）では since 2010、（2）では last time がわかれば、必然的に

前者はイ has lived、後者はア did you see を選択します。また、（3）の最初と最後の文には yesterday と two months ago があるので、どちらも過去形ア found とア died が正解になります。同様に、B の質問は文中の yet と次に続く A の回答 No, I haven't. からすぐに正解が現在完了形だとわかります。こうした言語的手がかりから正解を選択できれば、少なくとも生徒が現在完了形の形式を認識できることは確認できます。だからといって、現在完了形の意味と機能を理解しているかは、上述のテストでは測定できませんし、形式だけ知っていても言語運用にはつながりません。そこで、形式の理解が確認できたら次の段階として意味と機能の理解も含めた言語運用につながる出題形式を考えるべきでしょう。

3．主観テスト：客観的かつ公平に採点するためにパフォーマンスをどのように評価するか

主な主観テストには以下のような形式があります。

①要約（summary）
②翻訳（translation）
③会話（conversation）
④インタビュー（interview）
⑤ロール・プレイ（role play）
⑥スピーチ（speech）
⑦作文（composition）

主観テストは、客観テストに比べると作成にそれほど時間を要しませんが、問題はその採点方法です。客観テストのように一定の正解が決まっていないため、採点基準を決めておく必要があります。

実際に言語運用能力を測定するテスト（③から⑦のようなパフォーマンス・テスト）では、個々の生徒が異なる言語使用をするので、あらか

じめ正解をひとつに決めておくことやすべての可能な解答を予測することは至難の業です。しかし、「全体的にしゃべれている・書けている」という印象で採点をしてしまうと、そのときの気分によって「できている」と判断する基準や許容する解答が異なる危険があります。同じ作文を次の日に採点し直してみたら、全く違う点数になってしまうかもしれません。したがって、主観テストの採点は客観性と公平性の点から明確な採点基準を決め、一貫性のある採点をする必要があります。たとえば、文法知識はあまり身についていないのに、コミュニケーションに長けていて何となくインタラクションができている生徒がいます。ライティングの場合も文法の間違いは多いけれど、文章構成は悪くないという作文があります。そこで、スピーキングとライティングのスキルをそれぞれ下位スキルに細分化しておくと、言語知識と言語運用をバランスよく採点することができます。

　さらに、下位スキルは測定可能な評価項目として具体化します。これは第10章の図10.2を参照してください。たとえば、言語産出スキル（つまり、スピーキングとライティング）を構成する下位スキルのひとつ「文法や語彙を正しく応用できる力」においては、「三人称単数現在-sや過去形など動詞は正しい活用形になっているか」「必要なコンテクストで名詞は複数形になっているか」など既習項目や特定の文法項目を評価対象にすることができます。ライティングであれば、「結束性と一貫性がある文章を構成する力」の評価項目として「主題文があるか」「適切なつなぎの語句が使われているか」などが考えられます。

　評価する下位スキルや具体的な項目は、テストの目的に応じて変更するとよいでしょう。それと同時に点数配分も変更します。いつも同じ下位スキルや評価項目を同じ点数配分で採点する必要はありません。たとえば、スピーキングのテストでも、スピーチであれば「文法的正確さ」、「文章のまとまり」、途切れることなくスラスラと発話できる「流暢さ」の優先度を高くします。一方、会話テストの場合は、意思疎通に必要なオーラル・コミュニケーション・ストラテジー（相づちや理解の確認、

繰り返しの依頼など）が適切に使える能力の優先度をあげ、逆に文レベルでの「流暢さ」の優先度を下げるといった配慮をします。このように下位スキル、評価項目、点数配分が明確にされていれば、全体の印象や雰囲気ではなく、それぞれの項目にそってパフォーマンスの該当部分を検討することで客観的かつ公平な採点ができます[6]。

　次に公平性の点から、あらかじめ採点基準と点数配分を生徒に知らせておくことも大切です。そうすれば、生徒はテストのために必要かつ適切な準備ができます。たとえば、会話テストを行う際には、文法の正確さだけでなく、イントネーションや非言語コミュニケーション能力（うなずき、顔の表情、ジェスチャーなど）といった項目や、会話が途切れてしまった場合にもう一度発話を繰り返す、あるいは別の表現で言い換えるなどの積極的な態度も評価することを伝えておきます。こうすることで、生徒はどのようなパフォーマンスが求められているかを理解し、それに向けて準備をすることができます。また、会話のテストによく見られる、相手のせりふは上の空で聞き、自分の順番になると天井を睨みながら一生懸命自分のせりふをしゃべるといった不自然なやりとりも少なくなるはずです。ライティングもやはりあらかじめ採点基準を生徒に明らかにします。ライティングは相手にこちらの意図がいかに正確にかつ適切に伝わるかがポイントですので、文法の正確さだけでなく、内容と文章構成も評価対象であることを説明しておきます。

　スピーキングやライティングなど言語産出のスキルは日々の練習の積み重ねで向上していきます。そして、生徒たちが普段の授業で練習して身につけた力を発揮できる機会としてテストが位置づけられるべきです。授業で行う練習や活動を積み重ねることがテストの結果に反映され

---

[6] パフォーマンス・テストの採点には、熟達度を総合的に評価する「全体的評価法」（holistic rating）もあります。これは、話すあるいは書く能力に関する基準がレベル毎に記述されています。広く知られているスピーキング・テストの評価には『ACTFL能力基準』があります。本章では、下位スキルに分けた評価のほうが、生徒の弱点を見つけ指導につなげられるという点から分析的評価に焦点をあてました。

るとわかれば、生徒の学習意欲があがることはいうまでもありません。この点を留意して、授業内容とテストで評価する内容には整合性がなければなりませんし、授業でも学生の意識が「文法の正確さ」に偏らない言語活動や指導が大切です。また、具体的な評価基準や採点方法が示されれば、生徒も何をどのように頑張ればよいのかが見え、学習への波及効果も期待できます。生徒は点数を取るためだけの勉強から解放され、一夜漬けの生徒が減るかもしれません[7]。

【この章のポイント】

- 測定したい知識や能力を適切に測定するテストを作るためには、信頼性、構成概念妥当性、真正性、実用性を意識する。
- 採点方法によってテストは客観テストと主観テストに分けられる。
- 客観テストは採点が容易である一方、選択肢の作成は簡単ではない。
- パフォーマンス・テストは明確な採点基準と点数配分を決めておく。
- パフォーマンス・テストの採点基準と点数配分は生徒と共有する。
- パフォーマンス・テストは授業中の言語活動と連動させ、生徒たちにとって日頃の練習成果が出せる機会とする。

---

[7] 先にあげた CAN-DO リストには英語でできる事項が記述されているので、授業での指導や練習が具体的になり、生徒も何にどう取り組めばよいのかが見えてきます。つまり、授業で行う指導と言語活動が最終評価につながっていくのです。ただし、CAN-DO リストの取り組みはまだ試験的に始まったばかりですので、それに基づいた授業実践や評価法などは現在検討されているところです。

第11章『ちょっとひといき』

英語力を適切に測定するための点数配分

　テスト作成で案外見落とされているのが点数配分です。ここでは、この点数配分について具体例を用いて検討します。順番並べかえと和文英訳は中間試験や期末試験でもよく使われる出題形式です。以下の出題例は同じテストからのものです。設問１が並べかえ、設問２が和文英訳です。そして、点数配分はどちらも同じ１問２点になっています。

> 1．日本語の意味をあらわすよう、並べかえて作文しなさい。
>   　(2x3＝6)
> （1）これはマイクが去年京都で撮った写真です。
>   　(Mike/is/a photo/in/this/took) Kyoto last year.
> （2）そのバスは東京に６時に着く。
>   　(is/Tokyo/the bus/at/arriving/at) six.
> （3）私はユキの誕生日がいつなのか知りません。
>   　I (is/know/birthday/when/don't/yuki's).
>
> 2．英語に直しなさい。(2x3＝6)
> （1）昨日から雨が降り続いている。
> （2）宿題が終わったら電話してください。
> （3）いすにすわっている男性は私の父です。

　設問１と設問２の点数配分は１問２点ですが、言語知識の運用から考えてこの点数配分は公平でしょうか。並べかえは必要な語句がすでに与えられているので、個々の意味と文法規則がわかれば、日本語文の意味にあわせて語句を適切な順番に並べかえるだけです。その一方で、和文英訳は日本語の文意を英語で表すために必要な語彙や文法規

則を考え英文を組み立て、かつ正しいスペルで書かなければなりません。明らかに後者は複数の力を測定していることになり、2つの出題方法の間で1問2点は同じ重みにはなりません。極端な例ですが、並べかえは全問正解で和文英訳は全問不正解の生徒と、逆に並べかえは全問不正解で和文英訳は全問正解の生徒では、同じ点数になりますが、この6点は二人が同じ英語力を持つと解釈できますか。明らかに外国語でアウトプット（産出）するほうが頭の中で起こっている認知プロセスの負担は大きいはずです。語彙や文法規則を見れば意味や用法がわかるからといって、それらを使ってアウトプットができることを保証するものではありません。この点を考慮すると、並べかえと和文英訳に同じ点数配分というのは不適切であり、公平な測定結果とはいえません。

「第4部　目に見えない力を評価する」のまとめ

　第10章、第11章の内容をふまえて、Reflective Exercise の項目を検討してみましょう。

（1）【中間試験や期末試験の結果から生徒の英語力がわかる】
　中間試験や期末試験は既習事項の学習到達度を確認するテスト（到達度テスト）です。個別項目テストのスタイルで文法知識について出題されることが多く、その形式は多肢選択式、空所補充式、順番並べかえ、和文英訳に偏っています。したがって、このような中間試験や期末試験は生徒の英語力の一部を成す言語能力、特に文法能力の測定に特化しており、総合的な英語力を示すものではありません。どんなに良いテストでもそのテストだけで総合的な英語力を測定することは無理で、多角的な測定が必要となります。この点をふまえて、英語教師は中間試験や期末試験が測定できる力（下位能力）を正しく理解していることが大切です。

（2）【文章に出てくる語句の意味と文法項目を問う設問で生徒の読解力がわかる】
　語彙や文法知識を知っていれば文の意味は理解できますが、複数の文から構成されている文章理解には、ひとつひとつの文の意味がわかっただけでは不十分です。文章構成の知識やトピックに関係する背景的知識を使いながら、個々の文が表す内容を関連づけていくことで、文章理解が可能となります。したがって、語彙や文法規則をコンテクストから抜き出して質問し、それに正しく解答できたとしても、生徒の読解力を測

定していることにはなりません。読解力のテストでは、生徒が文脈に応じて語彙や文法項目の機能を理解して文章の内容を適切に把握できているかを測定する出題をするべきでしょう。

(3) 【テストの結果が良くないのは、生徒の勉強不足である】
　勉強せずにテストを受ければ、もちろん結果はよくないでしょう。しかし、準備の程度や努力がテスト結果に反映されないこともあります。初めて見る出題形式の場合や、設問の量が多すぎて時間が足りない場合など、教師の不手際がテスト結果に影響することがあります。したがって、「勉強不足」の一言では片付けられません。また、普段の言語運用の練習量はパフォーマンス・テストの結果を左右します。日ごろの指導が言語知識に偏ってしまい、言語運用の練習が十分でなければ、パフォーマンス・テストに良い結果は期待できません。語彙や文法知識を知っているだけで実際の言語使用ができるわけではありませんので、普段から英語を使った言語活動を行うことが大切です。言語運用に慣れておけば、生徒は練習した成果をスピーキングやライティングのテストで発揮することができます。

(4) 【多肢選択のテストを作ることは、それほどたいへんではない】
　多肢選択テストは採点が簡単な一方で、その作成には時間と労力を要します。生徒が文章を読まなくても正否がわかる選択肢や、複数の正解が可能な選択肢があるかもしれません。選択肢が不適切では、測定すべき能力を正しく測ることはできません。したがって、十分余裕を持って選択肢を作成し、しばらく時間をおいてからその文言や内容を再検討します。

(5) 【出題範囲であれば、どのような出題形式でも生徒は解答できるはずである】
　せっかくテスト範囲を一生懸命勉強してテストに臨んでも、初めて見

る出題形式に戸惑ってしまい、生徒は実力を発揮できないことがあります。また、本当に正解がわからなかったのか、あるいは正解にたどりつく段階のどこかで間違えてしまったのか、誤答の原因がはっきりしない解答方式も避けたほうがよいでしょう。指示文や解答方法も含め出題形式の慣れは、テストの結果に影響します。生徒に馴染みのない出題形式であればあらかじめ生徒に説明しておくなどの対応が必要です。中間試験や期末試験で生徒の学習到達度を的確に測定するためには、生徒が学習した知識や能力をテストで十分に発揮できることが前提です。

第 5 部

ジャパニーズ・イングリッシュとリンガ・フランカ英語

【Reflective Exercise】

それぞれの項目について、自分の考えに一番あてはまるものをひとつ選んで□に✓をつけてください。

(1) 英語学習者は英語母語話者の英語を習得するべきである。
　　□思わない　□どちらかと　　□どちらかと　　□思う
　　　　　　　　　言うと思わない　言うと思う

(2) 英語母語話者の発音を身につけないと意志疎通は難しい。
　　□思わない　□どちらかと　　□どちらかと　　□思う
　　　　　　　　　言うと思わない　言うと思う

(3) 英語が理解してもらえないのはその人の発音に問題がある。
　　□思わない　□どちらかと　　□どちらかと　　□思う
　　　　　　　　　言うと思わない　言うと思う

(4) ジャパニーズ・イングリッシュは日本人以外の英語話者には理解してもらえない。
　　□思わない　□どちらかと　　□どちらかと　　□思う
　　　　　　　　　言うと思わない　言うと思う

(5)「間違いを気にせずとにかく英語で話してみよう」と常に生徒を鼓舞することは大切である。
　　□思わない　□どちらかと　　□どちらかと　　□思う
　　　　　　　　　言うと思わない　言うと思う

科学技術の発達により地球上のあらゆる国々へ短時間で移動でき、電子メールで24時間世界中の人々とやりとりができるようになりました。それに伴い言語や文化の異なる人々とのコミュニケーションも増え、その手段として英語を用いる機会が増えています。異なる言語を母語とする人たちと意思疎通を図るわけですから、お互いに理解できる共通の言語が必要です。今では英語がその共通言語として使われることが多くなっています。英語を母語としない人々が使用する英語には、英語母語話者の英語とは異なったさまざまな言語的特徴が認められます。このような英語で意志疎通を図るには、お互いに相手の英語を理解しようとする姿勢が求められます。第5部では、母語や文化的背景が異なる人々が共通のコミュニケーション手段として使用するリンガ・フランカ英語とジャパニーズ・イングリッシュを取りあげ、以下の内容を第12章と第13章で考察します。

　異なるリンガ・フランカ英語には、その使用者の母語や文化が言語的特徴として表出しており、ときには意思疎通を妨げる恐れがあります。しかし、実際には理解を困難にする原因は言語的な理由だけでなく、母語話者英語ではない英語とその話者らに対する言語態度も関係します。「理解しよう」という気持ちがあるか否かが、非母語話者英語の容認と理解の程度に大きく関わることが指摘されています。この点をふまえて、第12章では日本人英語学習者の英語に対する意識を調査した先行研究を紹介し、日本人の英語母語話者偏重とジャパニーズ・イングリッシュへの否定的な捉え方を、言語アイデンティティと言語態度から考察します。そして、第13章では、教室では英語母語話者の英語を規範として指導をする一方で、非母語話者英語に遭遇したとき柔軟な態度でその「違い」を認めることのできる学習者、ひいては英語使用者を育成する英語教育について論じます。

第12章

言語態度とジャパニーズ・イングリッシュ

　私たち日本人は自分たちが話す英語を、ジャパニーズ・イングリッシュと呼ぶことがあります。そのことばには、「ネイティブの発音ではなく、日本語なまり」といった意味合いがこめられていて、どこか否定的なニュアンスが感じられます。この章では、まず英語の分類を紹介するとともに、現代の英語使用の状況を鑑みて「英語母語話者」の定義を再考します。続いて、英語に対し日本人英語学習者がどのような意識を持つかを調査した研究を取りあげ、言語アイデンティティと言語態度の観点から日本人のネイティブ信仰について見ていきます。

1. 英語の分類：同じ「英語」なのに何が違うのか

　「英語」と聞くと、日本ではアメリカ人やイギリス人が使う言語と理解されるのが一般的です。しかし、話される国や地域によって、英語の役割は異なります。英語は、それが使用される社会で、**母語**、**第二言語**、あるいは**外国語**としての役割を果たしています。英語教育ではこれらの役割に基づき英語を図12.1のように **ENL, ESL, EFL** の3つに分類してきました。

　また、英語が話される地域を3つに分類した**内円圏** (Inner Circle)、**外円圏** (Outer Circle)、**拡張圏** (Expanding Circle) もよく文献に登場します[1]。この分類は図12.2のように3つの円を使って表されます[2]。

---

[1]　Kachru (1985)
[2]　Crystal (2003, p. 61)

第12章 言語態度とジャパニーズ・イングリッシュ 197

ENL：English as a Native Language（母語としての英語）	・生まれたときから英語に触れて育った場合 例：アメリカ人やイギリス人などいわゆるネイティブ・スピーカーにとっての英語
ESL：English as a Second Language（第二言語としての英語）	・母語をすでに習得しているが、日常生活に英語の使用が必要である場合 例：アメリカに留学、または移住した日本人にとっての英語
EFL：English as a Foreign Language（外国語としての英語）	・住んでいる地域や国では日常的に使う必要がなく、外国語として学校などで英語を学習する場合 例：日本で英語を学習する日本人にとっての英語

図12.1　英語教育における英語の分類

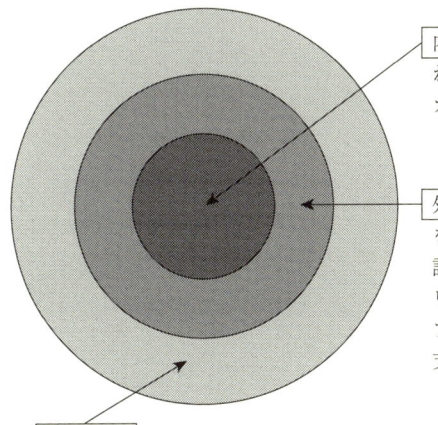

内円圏 英語が母語として使用されている地域：アメリカ、イギリス、カナダ、オーストラリアなど

外円圏 別の言語を母語とし英語を第二言語（公用語[3]もしくは準公用語）として使用する地域：インド、フィリピン、シンガポール、ケニア、南アフリカ共和国など（かつて大英帝国の支配下にあった国や地域が多い）

拡張圏 日常的に使用する必要はほとんどなく、外国語として英語を学習している地域：日本、韓国、中国、タイ、ヨーロッパ諸国など

図12.2　国や地域によって英語を分類

3　公用語とは、一般的に司法、立法、行政、教育など国の実務的な機能を担う言語を指します（河原・山本 2004）。異なる人種や民族が住んでいる場合、複数の言語を公用語としている国もあります。

内円圏が一番内側の円として外円圏と拡張圏に含まれており、さらに外円圏が拡張圏の内側にあります。このように拡張圏が一番外側の円となり、他の2つのグループを包括しています。この円の大きさは、英語を使用する人口に比例しており、拡張圏からの英語使用者が一番多いことを示しています。

2．「英語母語話者」の定義：ネイティブ・スピーカーとは誰のことか

　私たちは**ネイティブ・スピーカー**あるいは**英語母語話者**という表現を使い、当たり前のように、アメリカ人やイギリス人などいわゆる内円圏の人たちを想定しています。一方で、英語を第二言語あるいは外国語とする、外円圏と拡張圏の人たちのことは**非英語母語話者**と呼んでいます。そして、非英語母語話者の多くはついつい自分たちの英語を英語母語話者の英語と比較して、相違を「間違い」として意識してしまいます。ここには「学習者である非英語母語話者は、正しい英語、つまり英語母語話者の英語を身につけなければならない」という学習者心理が働いているのです[4]。

　しかし、グローバル社会において英語母語話者のみならず非英語母語話者とのコミュニケーションが盛んになるにつれ、英語使用者の二分化はあまり意味を持たなくなってきています。あらゆる分野や地域で英語が使われることで、英語そのものが変化し、特に英語を公用語として使用している外円圏では、その地域の社会的ニーズや母語の言語的・文化

---

[4] この二分化は、単に正確さや適切さという言語面だけの問題ではなく、政治や経済、ビジネスにおいても英語母語話者が優位に立つニュアンスを伝えるものとして、その不平等さが指摘されています。Jenkins（2000）は英語母語話者対非英語母語話者の二項対立がもたらす不平等を取り払い中立的なニュアンスを伝えるために、monolingual English speaker（MES）, bilingual English speaker（BES）, non-bilingual English speaker（NBES）という代替の名称を提案しています。MESは従来の英語母語話者を、BESは英語とそれ以外の言語を流暢に使用する英語母語話者と、英語を流暢に使用する非英語母語話者の両者を指しています。NBESとは英語以外の2言語を流暢にあやつる他の言語の母語話者を指しています（たとえばイタリア語とドイツ語の2言語を話すイタリア人）。

的特徴を反映した英語が使われています。こうした英語は、語彙、文法、語用面で英語母語話者の英語とは異なっていますが、意志疎通の道具として十分に機能し、独自の「英語」とみなされています。そして、こうした英語を使っている人たちの多くは、「英語母語話者」としての自覚を持っています[5]。

さらに、グローバル社会といわれあらゆる分野で地球規模の取り組みが進む昨今、異なる母語や文化を持つ人々が共通語として使用する英語は「リンガ・フランカ英語」(English as a Lingua Franca, 以下 ELF)と呼ばれるようになっています[6]。ELF 英語は話し手の母語によって異なる言語的特徴を持つことが多く、そのため複数の ELF が存在します。したがって、「標準リンガ・フランカ英語」もその母語話者も存在しないことになります[7]。

3．日本人の英語：ジャパニーズ・イングリッシュ[8] は「カッコよくない」のか

3．1　西洋へのあこがれ

よく巷の英会話学校の広告に「講師は全員英語のネイティブ・スピーカー」というキャッチ・フレーズが書かれています。「英語のネイティブ・スピーカー」と聞いて、「アメリカ人の先生」あるいは「イギリス人の先生」を想像しませんか。また、日本の若い人たちが英語学習の動機として、「アメリカにあこがれるから」、「イギリスに行って仕事をしたいから」という理由をあげるのをしばしば耳にします。このような状

---

[5] カチュル (Braj Kachru) は、このような英語の母語話者らに functional nativeness という用語を提唱しました。このことばは、彼らの英語が意志疎通の道具として十分その機能を果たしていると示唆しています (Kachru 2005)。

[6] リンガ・フランカは多くの言語が混ざり合い自然に発生した共通言語と定義されます。(河原・山本 2004)。しかし、広義では、共通語として機能する特定の言語を指します。

[7] House (2003)

[8] この章では「日本語なまりのある英語」という意味で使用します。

況は、日本人の欧米偏重を示唆しています。

　鈴木孝夫はその著書の中で、日本人が欧米人とその文化にあこがれる背景には日本の歴史が大きく関わっていると書いています[9]。四方を海に囲まれ、隣国と陸地でつながっていない地形をもつ日本は、いろいろな国と行き来はありましたが、6世紀の末から20世紀半ばまで1300年以上も他民族や他国に侵略されたり植民地にされたりしたことはほぼ皆無でした。そのため、日本は外国を恐ろしい存在と捉えることはなく、外国との付き合いを通して異なる文化の良いところ、あるいは日本の発展向上に役立つところを取り入れ、自国の伝統文化に融合させてきました。このような過程を通して、日本は他国、特に西洋に対して「素晴らしい」という念を抱き、逆に自国に対し卑下や嫌悪を持つようになったと鈴木は説明しています。この西洋へのあこがれは、日本人が英語母語話者の英語を「正しい」「カッコいい」と思う態度にもつながっていると考えられます。

3.2　日本人英語学習者の「英語」に対する意識調査

　これまで、英語母語話者と標準英語、そして非英語母語話者の英語に対する英語学習者の捉え方や受け止め方について研究されてきました。中でも、日本人英語学習者を対象とした先行研究は、英語母語話者へのあこがれとジャパニーズ・イングリッシュに対する否定的な態度を報告しています。本節では、関連する3つの先行研究を、研究目的、参加者、調査方法、結果にまとめて紹介します。

　表12.1は、Chiba, Matsuura, & Yamamoto（1995）の研究です。

　特に結果①に注目してください。アメリカ人やイギリス人などの母語話者の英語は容認する一方で、自分たちのジャパニーズ・イングリッシュには容認度が低い結果になっています。

---

[9]　鈴木（2006）

第12章 言語態度とジャパニーズ・イングリッシュ

表12.1　日本人の英語に対する意識調査その１

Chiba, Matsuura, & Yamamoto（1995）	
調査で明らかにしようとしたこと	日本人の英語学習者がさまざまな英語をどの程度受け入れるか—具体的には次の３つの仮説を調査した。 ① 聞きなれている英語は、容認度[10]が高い。 ② 道具的動機（卒業条件だから、将来役に立つから、より条件が良い仕事につくためなど実用的な理由で英語を勉強しようとする動機）が高い人のほうが、そうでない人よりなまりのある英語に対して容認度が高い。 ③ 母国語である日本語を大切にする人のほうが非英語母語話者の英語に対して寛容である。
調査に参加した人	日本人大学生169名が参加：97名は英語専攻、72名は国際ビジネスを専攻
調査の方法	手順１：日本人英語話者３名、アメリカ英語話者２名、イギリス英語話者１名、スリランカ、香港、マレーシア出身の ESL 英語話者各１名合計９名（いずれも男性）の英語を録音した。 手順２：参加した大学生にそれぞれの英語を聞いた印象で、容認度を測った[11]。また、各話者の出身を推測し、その国名を記入してもらった。
結果	① 英語母語話者のアクセント（アメリカ英語とイギリス英語）は容認度が高いが、ジャパニーズ・イングリッシュの容認度は高くない。 ② 道具的動機付けは、英語の容認度にそれほど影響していない。 ③ 日本語を大切にする人は非英語母語話者の英語に対してそれほど否定的ではない。

---

[10] 不快な思いを抱いたり否定的な態度を持ったりせず、特定の英語を受け入れる姿勢を示すことを「容認」とし、その程度を容認度とします。容認度は直接測ることはできません。そこで、intelligibility（理解）、accuracy（正確さ）、fluency（流暢さ）、confidence（自信）、comfort（心地よさ）、friendliness（親密さ）といった具体的な項目を仮定し、参加者にそれぞれの項目について判断してもらうことで容認度の測定とみなしています。最も広く用いられているのが、容認する程度を数字で選らんでもらうリッカート法です。

[11] ポジティブとネガティブの意味を持つ形容詞のペア10組について、その程度に応じて該当する箇所に○や✓をつけてもらう方法です。その10組は以下の通りです。clear – unclear, without accent – with accent, confident – not confident, friendly – unfriendly, elegant – not elegant, fluent – not fluent, skilled – unskilled, intelligent – unintelligent, sophisticated – not sophisticated, careful – not careful

次に紹介する Matsuda（2003）の研究結果は、日本の高校生がジャパニーズ・イングリッシュに対して否定的であることを顕著に示しています（表12.2を参照）。

表12.2　日本人の英語に対する意識調査その2

Matsuda（2003）	
調査で明らかにしようとしたこと	① 日本の高校生が社会の中で英語がどのような役割を持つと考えているか。 ② 彼らにとってネイティブ・スピーカーとは誰のことか。 ③ インド英語やシンガポール英語などの英語についてどの程度知っているか。 ④ ジャパニーズ・イングリッシュをどう思っているか。
調査に参加した人	東京の私立高校に通う31名の高校生
調査の方法	英語に対する意識を調査するための44項目と英語学習歴についての12項目からなるアンケートを実施し、回答者のうち10人にフォローアップ・インタビューを行った。
結果	① 英語が国際語という認識はあるけれど、やはり英語はアメリカ人やイギリス人の言語であり、彼らの英語が標準であるという固定観念を持つ。 ② ネイティブ・スピーカーはアメリカ人とイギリス人である。 ③ シンガポールで英語が話されているのは知っているが、イギリス英語、アメリカ英語とどのように異なっているかはわからないし、米英以外の英語には興味がない。 ④ ジャパニーズ・イングリッシュは外国人には理解できないし、格好良くない。ジャパニーズ・イングリッシュは使うべきではない。しかし、一方で、日本語なまりは避けられないから仕方がない。

この研究に参加した高校生全体の80％が、「日本人はジャパニーズ・イングリッシュを話すべきでない」と回答し、また、全体の45％は、「ジャパニーズ・イングリッシュは外国人に通じない」と回答しています。ただし、論文中にも指摘されているように、実際に回答した高校生たちはジャパニーズ・イングリッシュを使って通じなかった経験はないことから、この回答はあくまで彼らの思いこみを示しているといえます[12]。

これら2つの先行研究から、英語を学習している日本人がジャパニーズ・イングリッシュに対して否定的であることがわかりました。では、この意識は日本人特有なのでしょうか。同じアジアの人たちは自らの英語をどのように捉えているのでしょうか。Tokumoto & Shibata (2011) は、アンケート調査でこの疑問を明らかにしようとしました。

表12.3　日本人の英語に対する意識調査その3

Tokumoto & Shibata (2011)	
調査で明らかにしようとしたこと	ジャパニーズ・イングリッシュに対して日本人は否定的であることが報告されているが、このように自らの英語の容認度が低いのは日本人だけだろうか。
調査に参加した人	日本人50人、韓国人46人、マレーシア人32人（すべて大学生）
調査の方法	12項目からなるアンケートに、1（そう思わない）から6（とてもそう思う）のうち一番該当すると思われる数字を選んでもらう。
結果	① 韓国人と日本人よりも、マレーシア人のほうが自分たちの英語を受け入れる傾向にあった。 ② 韓国人と日本人を比べると、日本人のほうが自らの英語に対する容認度が低かった。

同じアジアの国でありながら、3つの国の大学生らは自らの英語に対して異なる意識を持つことがわかりました。そして、やはり日本人グループが自分たちの英語に対する容認度が最も低い結果となりました。

これまで紹介した3つの研究結果は、日本人が脱ジャパニーズ・イングリッシュとネイティブの英語習得を目指していると解釈できます。こうしたネイティブ願望は、非英語母語話者の英語に対して容認度が低くなる原因にもなると考えられます。それでは、こうした特定の英語に対

12　理解度そのものが調査目的ではありませんが、Tokumoto & Shibata (2013) はアメリカ人、マレーシア人、韓国人、日本人大学生を対象に、ジャパニーズ・イングリッシュの容認度を調べました。全体的にアメリカ人学生はアジア人学生よりも日本語なまりのある英語に寛容でしたが、韓国人学生からの評価は突出して低いという結果になりました。

する容認度とは、どこから来るのでしょうか。そこで、次節では容認度を決める要因について、日本人英語学習者および使用者の内面にある言語アイデンティティと言語態度を探ってみます。

4．言語アイデンティティと言語態度：英語母語話者偏重とジャパニーズ・イングリッシュへの自信のなさはどこから来るのか
4.1　言語アイデンティティ

　日本人のジャパニーズ・イングリッシュに対する否定的な捉え方と母語話者英語偏重を**言語アイデンティティ**（language identity）から考えてみます。言語の役割がコミュニケーションの手段だけなら、どの言語を使っても構わないことになります。しかし、同時に言語はアイデンティティを表現する役割も担っており、特定の言語を使うことは自分の存在を肯定することにつながります。私たちは日本語を使うことで「日本」という国に帰属していることを表しています[13]。また、10代や20代の年齢層に帰属する人たちが、50代、60代の集団とは異なることを示す若者ことばもその一例です。

　私たち日本人は普段このような言語アイデンティティを意識することはほとんどありません。これには以下の2つの理由が考えられます。ひとつは、先に取りあげた鈴木の説明にもあったように、日本本土の日本人はこれまで母語や母国語の使用を禁止されたり制限されたりした経験がほぼ皆無であったことです[14]。ですから、日本国内で日本語を使うことは当たり前だと思っています。次に、日本に生まれ育った人は、たい

---

[13] 渡辺（2004）はアイデンティティと密接に関わる言語機能として、「社会化」と「紋章」をあげています（p. 130）。前者は、ある集団を構成する人たちが同じ言語を使うことで、自分たちが他の集団と異なることを示す機能です。これには、国家や民族という大きなまとまりから、同じ年代や職業、家族がその単位として考えられます。後者は、同じ言語を使うことが同じ集団への帰属の象徴となることを指しています。

[14] 日本は単一民族・言語国家といわれますが、アイヌ語、琉球語などが存在するので、日本を単一言語国家とするのは不適切だとする主張もあります（Heinrich 2011など）。

てい母語も母国語も日本語の場合が多く、日本のどこへ行ってもほぼ間違いなく日本語だけで不自由なく生活できることです。こうした歴史的かつ社会的状況から、日本人は言語とアイデンティティの結びつきを強く実感する機会はほとんどありません。このことがジャパニーズ・イングリッシュを自分たちの英語だと自負することはなく、そのかわりにネイティブ願望を持つという日本人英語学習者の心理につながると考えられます[15]。

4.2 言語態度

特定の言語の受け止め方や容認度に大きく関わる要因として**言語態度** (language attitude) があります[16]。言語態度は直接目で観察できるものではないので、使用されたことばから、その表現の根底に話者がどのようなステレオ・タイプや信条を持つかを類推することができます。また、言語態度は生得的ではなく、経験に基づいて後天的に習得していくと考えられています[17]。たとえば、地域社会の人々がどのように外国人と接しているか、どのような教材を使って外国語を学んだか、外国語を教える教師がどのような教育理念を持っていたかなど、これまでの経験が言語態度の形成に大きく関わっています。日本では学習教材やテレビ、ラジオの英語はアメリカやイギリスの英語が主流であり、「教師陣は全員ネイティブ・スピーカー」「ネイティブ・スピーカーとマン・ツー・マンで会話練習」などの広告を見かけます。こうしたアメリカ人やイギリス人の英語偏重を強化する社会イデオロギーがインプットとし

---

[15] その後の研究で、日本人は、アクセントが強いジャパニーズ・イングリッシュのほうがより親近感を抱き好感度も上がる傾向にあることが報告されています。「同じジャパニーズ・イングリッシュをしゃべる日本人」という帰属意識が働いていると解釈できます (McKenzie 2008a)。しかし、だからといって、ジャパニーズ・イングリッシュを肯定し容認度が上がるわけではありません。McKenzieは、日本人がネイティブの英語とジャパニーズ・イングリッシュに異なる判断基準を持つと説明しています。

[16] Garrett, Coupland, & Williams (2003), McKenzie (2008)

[17] Allport (1935) (Garrett 2010に引用)

て働き、英語母語話者とその英語を絶対視する日本人の言語態度を形成していくのです。

　ステレオ・タイプも言語態度の一部です。日本人英語学習者に異なる英語母語話者の英語を聞かせた研究があります[18]。日本人の参加者に標準英語を話す男女各 2 名とアフリカ系アメリカ人の英語話者男女各 2 名、合計 8 名の英語を聞かせ、社会的地位と好感度を判断してもらいました。2 名の平均値を算出し比較したところ、アフリカ系アメリカ人男性の社会的地位と好感度の評価が一番低い結果となりました。この結果から、日本人英語学習者がすべての母語話者英語を等しく肯定的に受け入れるわけではなく、日本人にとって英語のステレオ・タイプは白人が使っている英語であることがわかります[19]。これは、アメリカで制作されたテレビ番組や映画、音楽などの大半に白人英語が起用されており、日本人がそれに接する機会が多いことも影響しているでしょう。先にあげた巷の広告でも多くの場合、白人が起用されています。こうした経験を通して、知らず知らずに「白人の英語母語話者の英語が正しい」という言語態度を形成して、英語母語話者の英語ができない自身を嘆くのです。

　以上、言語アイデンティティの認識不足と「英語母語話者へのあこがれ」という言語態度について考えてみました。グローバル社会において、英語によるコミュニケーションの対話者は英語母語話者に限定するものではありません。異なる言語背景や文化を持つ人々が異なる英語を使っています。そのような状況で、日本人英語学習者の多くも英語が共通語として使われていることを認識しているようですが、その一方で、ネイティブ信仰の言語態度はなかなか払拭されません。そうした偏った言語態度は非母語話者の英語を受け入れず、積極的に理解してあげようという姿勢を妨げる危険につながります。この意味で言語態度は意思疎通にも影響を与えることになり、円滑なコミュニケーションのためには

18　Cargile, Takai, & Rodríguez (2006)
19　このような日本人の態度は英会話イデオロギー（English Conversation Ideology）と呼ばれています（ラミス 1976, Tsuda 1992, Kachru 2005）。

異なる英語への寛容性が必須だといえます[20]。次章では、言語態度も視野に入れて、これからの英語教育について考えます。

【この章のポイント】

- 英語が多様化し、さまざまな母語や文化を背景とする英語使用者がいる昨今、英語母語話者の定義も変化している。
- 日本人は、言語とアイデンティティの結びつきに関しての意識が希薄である。
- 日本人英語学習者は、「英語母語話者へのあこがれ」という言語態度を持つ。
- 日本人英語学習者が英語母語話者の英語を正しいとみなし、ジャパニーズ・イングリッシュに対して否定的であることは、言語アイデンティティと言語態度が関係している。

---

[20] ジェンキンスは「言語的正確さより、対話者のリンガ・フランカ英語を聞いて不快に感じるかそうでないかのほうが理解度を左右してしまうことがある（原文英語、筆者和訳）」と述べています（Jenkins 2007）。

第13章

未来のリンガ・フランカ英語話者を育てる

　日本での英語教育は、小学校あるいは中学校から始まり、高校あるいは大学まで続きます。学校教育での英語は、内円圏の英語を基準として指導が行われるため、聞きなれているのはやはりアメリカ人やイギリス人の英語です。ところが、学校教育を修了し社会へ出て実際に英語を使うことになったとき、対話する相手が必ずしも慣れ親しんだアメリカ人やイギリス人の英語を使うとは限りません。そこで、これからの英語教育は、そのような現実に対応できる英語使用者の育成も視野に入れる必要があります。この章では、グローバル社会におけるリンガ・フランカ英語（ELF）という観点から、英語教育のあり方を考えてみます。

1．非英語母語話者とリンガ・フランカ話者：ELF 使用者に何が求められているのか

　第12章で述べたように、従来の英語母語話者はアメリカ人やイギリス人など内円圏の人たちを指し、非英語母語話者には外円圏と拡張圏の人たちが分類されてきました。しかし、現実は英語使用者を母語話者と非母語話者のいずれかに分類できるほど単純ではありません。外円圏には英語母語話者の英語とは異なる、独自に発達した英語を使用して意志疎通を行っている人々がいます。また、拡張圏の英語使用者の中には、ネイティブ並みに英語を使える人々もいます。したがって、英語運用において母語話者か非母語話者かの分類はほとんど意味がありません。内円圏、外円圏、拡張圏の英語使用者がそれぞれ独自の英語を使っていると

考えられ、その意味でいずれの英語も ELF であり、全員が ELF 話者になります（図13.1参照）。したがって、ジャパニーズ・イングリッシュを使う日本人も ELF 話者です[1]。

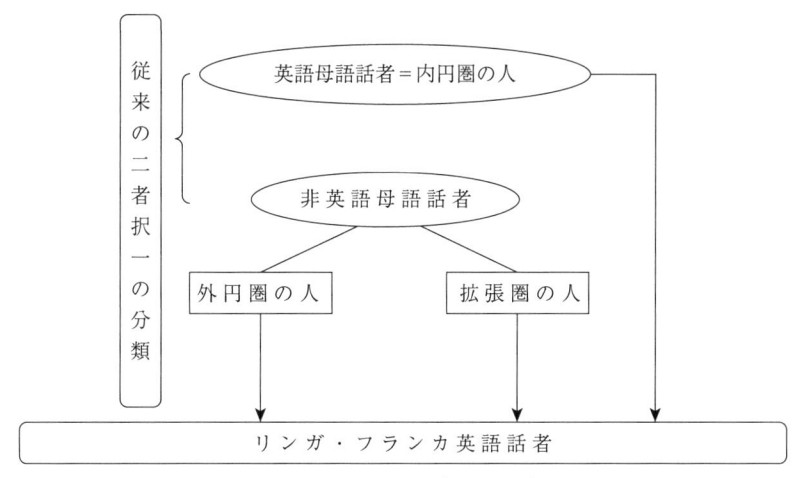

```
従来の二者択一の分類 {
    英語母語話者＝内円圏の人
    非英語母語話者
        外円圏の人
        拡張圏の人
}
    ↓ ↓ ↓
    リンガ・フランカ英語話者
```

図13.1　みんなが ELF 話者

　グローバル社会で ELF 話者が増えている昨今、英語学習の目的も変化しています。学習動機はガードナー（Robert Gardner）が提唱した**統合的動機**（integrative motivation）と**道具的動機**（instrumental motivation）がよく知られており、前者の定義は英語母語話者集団だけを視野にいれていました[2]。しかし、今では、統合されたい集団が、

---

[1] ジャパニーズ・イングリッシュは言語的に体系化されているとはいえないので、シングリッシュ（シンガポールで使用されている英語）のように確立した独自の ELF とみなすことはできません（ELF とみなす基準は3節に記載があります）。しかし、英語コミュニケーションにおいて共通語として使われるという定義から考えるなら、ジャパニーズ・イングリッシュも ELF とみなしてよいでしょう。

[2] 統合的動機とは英語圏の文化に興味があり、英語母語話者集団の仲間になりたいという思いで英語学習に取り組むモチベーションを指し、道具的動機とは就職や昇給に役に立つ手段として英語を学習するモチベーションです。Gardner & Lambert (1972), Gardner (1985), Dörnyei (2001) などを参考にしてください。

英語母語話者グループから地球規模のグローバル市民へとシフトしています。日本でもグローバル社会の一員として英語習得を目指す学習者が増えています[3]。こうした現状をふまえ英語学習者が目指すのは、英語母語話者の英語を習得することではありません。英語話者として独自の英語でインタラクションできる知識と力をつけていくことです。英語力の向上だけでなく、自分流のELFでコミュニケーションしようという姿勢と異なる英語に対する寛容性からなる言語態度を身につけることが、未来のELF使用者となる英語学習者には求められているのです。

2．みんなで使えば共通語：独自の英語で相互理解ができるのか

　英語といえばアメリカ人やイギリス人などいわゆる母語話者の言語であり、日本人は彼らの英語を**標準英語**[4]とみなしています。ところが、母語話者の英語でさえイギリス英語、アメリカ英語、カナダ英語、オーストラリア英語、ニュージーランド英語など国によって発音や語彙に違いがあります。たとえば、アメリカ英語に慣れた人は「イギリス英語がよくわからない」と言うのをよく聞きます。また、アメリカ英語とイギリス英語の違いとして、subwayとtubeはよく用いられる例です。異なる英語母語話者の英語は地域や人々の必要性に応じて変化した結果です。そして、外円圏でも社会的ニーズや文化が影響してユニークな特徴を持った英語が生まれ、特に語彙レベルではその国の文化を反映した、英語母語話者の英語には存在しない語彙が使われたりしています[5]。

---

[3]　Yashima (2002, 2009), Yashima, Zenuk-Nishide, & Shimizu (2004)

[4]　「標準語」というと、私たちはそれが「正しい」「権威がある」という価値判断をしてしまいます。しかし、歴史的経緯の中からある方言がたまたま選ばれ、広く用いられることで形を変え、いわゆる「標準語」になったと考えられており、標準英語とされる英語ももとをたどればどこかの方言だったのです。この意味で、「標準英語」は、「英語母語話者」同様、不平等さや力関係を感じさせることから、注意深く解釈しなければならないことばです。本章では、標準英語は、「英語母語話者の英語」の意味で使用します。ただし、英語母語話者の英語も国によって異なります。慣例的に日本ではアメリカ英語かイギリス英語を指し、英語教材の多くがいずれかの英語母語話者の発音を採用しています。

ELFも同様の過程を経ることが考えられます。結果、共通語であるにもかかわらず、ELFには異なる言語的特徴が現れることになります。このような場合、母語の言語的特徴や文化的背景を共有しない相手にはこちらのELFが理解できず、意思疎通が妨げられてしまうことは十分考えられます。そこで、さまざまなELFは実際どれほど異なっているのか、また、共通する言語的特徴があるのかを調べている研究者がいます。ここでは、3人の研究者を紹介します。

音韻的特徴は、オーラル・コミュニケーションにおいて理解を左右する重要な要因です。聞き手は、連続する音から音素[6]を聞き分け、一連の音素を単語として認識しなければならないので、最初に音素の聞き分けがうまくいかなければ、意味理解につながりません。ELFは、使用者の母語の音韻的特徴を反映することが多く、母語が異なる使用者には聞き取れないことがあります。

そこで、イギリスのサウサンプトン大学のジェンキンス（Jennifer Jenkins）は、母語が異なるELF使用者のインタラクションを分析し、その結果からELFに表れる音韻的特徴が必ずしも意志疎通を妨げるわけではないと主張しています。つまり、ELF使用者の英語には意志疎通を妨げる特徴とそうでない特徴があるのです。たとえば、英語教育で従来指導されてきた「強形」と「弱形」の区別[7]については、必ずしも弱形の発音をしなくても意志疎通には問題がありませんでした。一方で、ジェンキンスは意思疎通が問題なく行われるために学習者が学ぶべ

---

[5] Kirkpatrick（2007）はフィリピン英語に見られる語彙使用の例を紹介しています。Why are you so *high-blood* again? What's upsetting you? では母語話者英語の high blood pressure という表現から high blood だけが単独で形容詞のように使われています。

[6] 意味を変えることができる最小の単位。たとえば、pad/pæd/と pat/pæt/は語末の/d/と/t/を入れかえると意味が変わります。つまり語末の音の違いが語の意味の違いを示しています。こうした音の単位を音素と呼び、/ /で表します。

[7] たとえば、辞書で前置詞 for を見てみると、強形（単独で発音される場合など）は/fɔːr/、弱形（文の中に出てくると機能語として弱く発音される場合）は/fɚ/と表記されています。

き英語の音声的変化があることを指摘しています[8]。たとえば、以下のようなものが挙げられています。

a. ストレスの置かれる音節の最初に表れる/p/, /t/, /k/が有気音となる[9]。（たとえば、pot [pʰat]）
b. 後にくる子音のタイプにより、母音の長さが変わる。（たとえば、'seat'と'seed'では同じ母音ながら、無声音[10]の閉鎖音[11] /t/が続く前者の母音の方が短く発音されます。また、'seat' [sit] と 'seave' [sɪv] では前者の母音が長母音、後者の母音が短母音とされますが、実際の発音は、有声音で非閉鎖音である/v/が続く'seave'の母音の方が長く発音されます。）

さらに、ELFに見られる音韻的特徴の中には母語転移によるものがあり、それらは他のELF話者には聞き分けられない、もしくは他の音として認識されてしまい、コミュニケーションに支障をきたす恐れがあることも指摘しています。そのひとつとして、日本人の英語使用者に見られる、who/huː/やfootball/futbɔːl/の/h/, /f/の子音を、ともに日本語の子音［ɸ］（「ふとん」の「ふ」に相当する音）に置き換えてしまう特徴をあげています。

香港教育大学のカークパトリック（Andy Kirkpatrick）は、東南アジア諸国連合（ASEAN）に加盟する国[12]の英語使用者の英語を分析

---

[8] ジェンキンスは、円滑な相互理解を妨げる可能性がある音韻的特徴をリンガ・フランカ・コア（Lingua Franca Core）と呼んでいます（Jenkins 2000）。
[9] 両唇を閉じて息を塞き止め、一気に呼気を吐き出し「パ」と言うと、[p] の後に微かに「ハ」に似た音が続きます。これを気息といいます。この強い呼気の放出をともなう音を有気音といいます。
[10] 喉に手を当て「アー」と声を出すと、声帯の振動を感じます。この声帯振動を伴う音のことを有声音と呼びます。一方、この声帯振動を伴わずに発音される音を無声音といいます。
[11] 子音の調音法のひとつで、一時的に口の中で呼気を止めてから音声を発する調音法です。

し、それぞれの音韻、語彙、文法に見られる特徴を研究しました[13]。分析結果から、異なる母語の英語使用者によって文法に異なる特徴が現れる一方、音韻的には比較的共通する特徴が現れると報告しています。たとえば、first/fə:st/を 'firs' や world/wə:(r)ld/を 'wol' と発音するなど語尾にある子音結合の最後の子音を発音しない特徴が見られました。カークパトリックの調査は、ASEAN諸国の英語使用者は異なる特徴を持つ英語を使用していても、お互いに意思疎通ができることを明らかにしました[14]。

ウィーン大学のザイドルホーファー（Barbara Seidlhofer）は、VOICE（Vienna-Oxford International Corpus of English as a Lingua Franca: ウィーン-オックスフォード大学国際コーパス英語）というプロジェクトを立ち上げ、ヨーロッパ連合で使用される英語を収集し、分析を続けています[15]。そして、標準英語から逸脱した特徴はすべてが必ずしもコミュニケーションを妨げるものばかりではないと報告しています。たとえば、三人称単数現在 -s がついていなかったり、関係代名詞の 'who' と 'which' が入れ替わっていたりしても、コミュニケーションが妨げられることはありませんでした。

これらの研究が示すように、母語が異なるELF使用者たちの英語には、母語の影響による固有の言語的特徴もありますが、一方で共通して現れる言語的特徴もあります。また、標準英語とみなされる内円圏の英語母語話者の英語から逸脱した特徴があったとしても、コミュニケーションを妨げるものばかりでないことも明らかになりました。

12　ブルネイ、カンボジア、インドネシア、ラオス、マレーシア、ミャンマー、フィリピン、シンガポール、タイ、ベトナム
13　Kirkpatrick（2007）
14　カークパトリックは、ASEAN諸国の英語はまだ体系的にひとつのELFとみなせないと述べています。
15　Seidlhofer（2004）

3．ELF使用者育成の指導における留意点：「とにかく英語で話してみよう」という励ましは何をもたらすか

　生徒にELF使用者として自らの英語に自信を持たせることは不可欠ですが、その一方でEFLでのアウトプットを強調するあまり「コミュニケーションしようという気持ちが大切なのだから、多少の間違いは気にしないでいい」という激励は、英語教育の目的と言語態度を混同しています[16]。生徒の学習動機を高めるため「通じればいい！」といった類のコメントはあまり頻繁にしないほうがよいでしょう。実は、この「通じればいい」という表現が曲者です。何となく対話者とインタラクションが続くと、「通じている」と錯覚してしまう生徒がいます。しかし、このような生徒の発話を注意して聞いてみると、文ではなく単語や句だけで返答していたり、内容もごく日常的なことに限定されていたりすることが多いようです。インタラクションに消極的な生徒を励ますために「単語でいいから英語を使ってみよう」は最初のステップとしてはよいかもしれません。しかし、単語レベルから文レベル、さらに論理的にまとまった発話へと段階的に順を追って指導することが必要です。「伝わればよい」といった一方的な発信姿勢を認めるのではなく、相互理解のため的確に伝える努力を奨励することが教師の役目です。

　さらに、積極的なコミュニケーションの態度育成にあたり、ELFと教室指導の相違を留意する必要があります。リンガ・フランカ英語の研究者たちは、規範とする英語（いわゆる従来の定義による英語母語話者の英語）から逸脱した言語的特徴をすべてELFの特徴とみなしている

---

[16] 国際ビジネス界では、「グロービッシュ（globish）」（ジャン＝ポール・ネリエールが1989年に使い始めた語。考え方はELFと共通する）が注目されています。ただし、これは標準英語を学習したうえで、仕事上の道具として英語が必要である人たちが使えばよいのであって、学習する英語としては不適切です。ネリエール氏自身もHarvard Business Review 2012年10月号『グローバル英語力』の中で、商談をまとめたいのであれば、グロービッシュは必要十分な英語であるが、それは文化を伝達しないので言語ではないこと、またグロービッシュの限界や使用条件を整理し定義する必要があることを述べています（pp. 118-130）。

わけではありません。やはり、「ELF の特徴」と「学習者の誤り」は区別する必要があります。そのためには、どのような英語を ELF とみなすかを決めなければなりません。次の２つが ELF とみなされる基準とされています。

> 英語使用者が既に流暢に英語を駆使できる十分な英語力をつけている。

> 必ずある一定の特徴が規則的・体系的に表れ、同様の特徴が同じグループの英語使用者の英語にも見られる。

したがって、学習途中にあって英語がまだ流暢でない学習者の使用に見られる特徴は、「誤り」です。ELF の特徴として先にあげた、三人称単数現在-s や関係代名詞の不適切さは、学習者の場合、明らかに「誤り」として指導しなければなりません。留意する点は、英語教育において ELF は学習を目的とする英語ではないということです[17]。

４．英語教育の二面性：英語コミュニケーション能力向上のために教師が留意すべきことは何か

第12章でも紹介したように、先行研究の結果から多くの日本人英語学習者が「英語母語話者の英語を習得したい」というネイティブ願望を持っていることが明らかにされています。これは、現在の英語教育が生徒たちの内面に「ネイティブの英語が正しい」「ネイティブのように話さなければならない」といった強迫観念を育ててしまっているからかもしれません。もちろん言語的な理由[18]から相互理解を妨げないように、でき

---

[17] Prodromou (2006)
[18] 英語使用者の母語が影響し、独自の音韻的特徴を持つ発音や文化的背景を反映した表現など、英語母語話者の英語にはない音声、語彙、文法、語用といったあらゆる言語面での特徴が、意志疎通を妨げる原因になり得るということです。

るだけ英語母語話者のように英語が使えることが望ましいのですが、実際ネイティブ並みになる人はとても限られています。生徒が身につける英語力とはアメリカ英語やイギリス英語が使える能力ではなく、英語を効果的に運用する能力です[19]。そうした英語力は、主体的かつ積極的に相手からのインプットを理解しアウトプットしようという姿勢がなければ向上しないでしょう。この姿勢がひいては英語コミュニケーション能力向上につながっていきます。

　そこで、私たち英語教師は教育と ELF の 2 つの面から英語の指導を考える必要があります（図13.2参照）。教室ではアメリカ英語やイギリス英語を規範として英語の言語的体系（文法規則など）を指導します。しかし、生徒は英語母語話者の英語でアウトプットする必要はありません。英語教育の最終ゴールは、効果的な英語運用能力（コミュニケーション能力）を身につけようと努力する姿勢を持った英語使用者を育成することではないでしょうか。効果的な英語運用とは、多様化した英語に対する寛容性とジャパニーズ・イングリッシュでアウトプットすることを恥じない態度を持って英語を駆使しインタラクションに臨むことです。したがって、日々の教室指導や授業運営では英語教師がこうした言語態度を意識するべきでしょう。

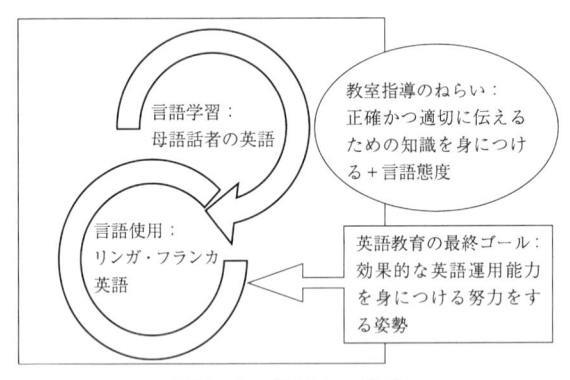

図13.2　英語の二面性

---

[19] 本名（2012）

5．これからの英語教育：ELF 使用者に求められるものは何か

　学校ではアメリカ英語やイギリス英語を規範として語彙や文法規則を指導し、それらの理解や定着をテストで測定します。しかし、実際に外国人と英語でコミュニケーションをしてみると、学校で学習した英語と異なることが多々あります。「ネイティブの英語が正しい」と思っていた生徒にとっては、学校で学習した英語とのギャップに気づきます。この現実を肯定するか否定するかは、生徒の言語態度に関わってきます。「こういう英語を話す人もいる」と現実を受け止められる生徒ばかりではありません。ネイティブの英語とは違う英語やその話者に対して嫌悪感を抱く生徒もいるでしょう。そのような事態を招かないためにも、異なる英語に対する寛容性を英語教育に取り入れる必要があるのです。

　先に触れた英語教育の最終ゴールには、「効果的な英語運用能力を身につけようと努力する姿勢を育成すること」と書きました。あえて「英語運用能力を身につけること」を最終目標として明記しなかった理由は、教室指導だけでそうした英語力を身につけることは不可能だからです。残念ながら、学校での教室指導だけで英語がペラペラになる人は非常に限られているのが現実です。教室では基本となる英語の言語知識とある程度の運用能力を指導しますが、英語教育を修了した後は生徒個人の努力であると認識するほうが現実的です。

　巷の英語イデオロギーに感化され、それまで漫然と「国際人になるためには英語が必要だから勉強する」と思っていた生徒が、学校教育を修了した後に英語が必要になれば、明確で具体的な英語学習の目的を自覚するでしょう。その目的に応じて適切な方法で必要な英語を各自が学べばよいのです。また、教室の外へ出て実際の英語使用を目の当たりにすると、生徒は英語の多様化や言語態度についての教室指導の意義が理解できるでしょう。国際化時代といわれる今、多様化した英語での異文化コミュニケーションに必要な言語知識と言語態度を持った ELF 英語の使用者が求められているのです。学校教育はその準備段階と位置づけることで、教室指導で何をするべきか、何ができるかが見えてきます。

【この章のポイント】
- 英語学習者は英語力向上に加え、異なる ELF を受け入れる言語態度も身につけることが大切である。
- ELF の研究は英語母語話者英語から逸脱した特徴がすべて意思疎通を妨げるわけではないことを明らかにした。
- 言語知識の指導と言語態度の育成を混同せず、ELF の特徴と学習者の誤りは区別しなければならない。
- 効果的な英語運用能力を身につけようと努力する人材を育成することを、学校教育の最終ゴールとする。

第13章『ちょっとひといき』

同じ英語でもこんなに違う！

　学習指導要領にも「現代の標準的な英語によること。ただし、さまざまな英語が国際的に広くコミュニケーションの手段として使われている実態にも配慮すること」という記載があります（第3款　英語に関する各科目に共通する内容等）。この指導について、以下のような解説があります。

［抜粋1］
　一方、「様々な英語が国際的に広くコミュニケーションの手段として使われている実態にも配慮する」とは、現代の英語は、世界で広くコミュニケーションの手段として使われている実態があり、<u>語彙、綴り、発音、文法などに多様性があるということに気付かせる指導を行う</u>ということである。（下線は筆者）

　そこで、多様な英語を紹介する方法のひとつとして、The speech accent archive の参照をお薦めします[1]。世界中の異なる母語の英語使用者に、英語で書かれた同じパラグラフを読んでもらい録音したものを収録しています。パラグラフには英語の子音と母音が含まれていて、母語によってどのような音韻的特徴が出るのかを聞くことができます。国・地域別や母語言語による検索が可能です。

---

[1]　Weinberger, Steven. (2011). *Speech Accent Archive*. George Mason University. (http://accent.gmu.edu)

「第5部 ジャパニーズ・イングリッシュとリンガ・フランカ英語」のまとめ

第12章と第13章の内容をふまえて、Reflective Exercise の項目を検討してみましょう。

（1）【英語学習者は英語母語話者の英語を習得するべきである】
　英語の教育現場では規範となる英語として英語母語話者の英語を指導しますが、学習者全員が母語話者並みになることは期待するべきではありません。そうした教師の期待は、生徒が「ネイティブのように英語をしゃべらないといけない」という誤った思いこみを持つ原因のひとつになっていると考えられます。学習のためのインプットは標準英語であっても、アウトプットは独自の英語（日本人であればジャパニーズ・イングリッシュ）で行えばよいのです。また、母語習得と異なり、第二言語習得は個人差がかなりあることも留意すべき点です。

（2）【英語母語話者の発音を身につけないと意志疎通は難しい】
　ジェンキンスは異なる ELF の音韻的特徴を研究し、英語母語話者の英語と違う ELF の音声的特徴の中で意思疎通を妨げるものとそうでないものがあることを報告しています。したがって、英語母語話者と同じ発音でないからといって、意思疎通ができないわけではありません。しかし、特に日本語の音韻が影響している場合は、母語が異なる英語使用者には誤解や理解困難となることが考えられます。そのことを留意して、相手に理解してもらえる発音を心がけることは大切です。

（3）【英語が理解してもらえないのはその人の発音に問題がある】
　ELF特有の音声的特徴のために、聴解が妨げられることは当然あります。しかし、英語を理解するか否かは、対話者に対して持つ言語態度が大きく関わっています。特定の英語やその話者に対して肯定的・好意的であれば「理解しよう」と思いますが、そうでなければ最初から「わからない」という態度で接してしまう恐れがあります。ですから、必ずしも発音だけが理解度に影響するわけではありません。したがって、母語話者英語とは異なる英語とその使用者への寛容な態度が求められます。

（4）【ジャパニーズ・イングリッシュは日本人以外の英語話者には理解してもらえない】
　興味深いのは、英語母語話者並みの発音で英語を操る日本人は羨望の的であり、彼らや彼女らの英語はジャパニーズ・イングリッシュといわれません。つまり、「ジャパニーズ・イングリッシュ」ということばは、日本語なまりがある英語を指してネガティブなニュアンスを伝えます。自身の英語に対する容認度の低さは、やはりネイティブ偏重が原因でしょう。ネイティブ並みになれないことを嘆くよりも、相手に理解してもらえる英語を話すよう努力し、相手を理解しようという態度を身につけるほうが現実的です。また、ジャパニーズ・イングリッシュが本当に日本人以外の英語使用者に理解されないかについては、ほとんど研究がされていないため、その信憑性はわかりません。

（5）【「間違いを気にせずとにかく英語で話してみよう」と常に生徒を鼓舞することは大切である】
　生徒の発話を促すために、「通じればよい」といった一方通行の発話を奨励する発言は、生徒に誤解を招く恐れがあります。「独自の英語で発信する」とは、的確な表現でこちらの意図を正しく伝えようとする態度と努力が前提です。消極的な生徒に、まずは単語、次に文レベル、そ

して、まとまった文章で発話することを促す指導をするべきでしょう。同時に、間違いを気にせず文法規則を無視した発話は誤解を招いたり、相手に正しく伝わらなかったりすることは十分にありえることから、誤りに意識を向けさせることも必要です。

参考文献

Backman, L. F. (1990). *Fundamental considerations in language testing*. Oxford: Oxford University Press.

坂内昌徳 (2006)「L2モデルと日本人英語学習者による動詞屈折の随意性」日本第二言語習得学会第6回年次大会　発表資料

Bialystock, E. (1979). Explicit and implicit judgments of L2 grammaticality. *Language Learning, 29*, 81-103.

Brown, R. (1973). *A first language*. Cambridge, MA: Harvard University Press.

Brown, H. D. (2007). *Principles of language learning and teaching* (5th ed.). New York: Pearson Education/Longman.

Cargile, A. C., Takai, J., & Rodríguez, J. I. (2006). Attitudes toward African-American vernacular English: A U. S. export to Japan? *Journal of Multilingual and Multicultural Development, 27*, 443-456.

Carson, J. G. & Leki, I. (1993). *Reading in the composition classroom: Second language perspectives*. Boston: Heinle & Heinle.

Chiba, R., Matsuura, H., & Yamamoto, A. (1995). Japanese attitudes toward English accents. *World Englishes, 14*, 77-86.

Corder, S. P. (1967). The significance of learner's errors. *International Review of Applied Linguistics in Language Teaching, 5*, 161-170.

Crystal, D. (2003). *English as a global language* (2nd ed.). Cambridge: Cambridge University Press.

Dörnyei, Z. (2001). *Teaching and researching motivation*. Harlow: Longman.

Doughty, C. (1991) Second language instruction does make a difference: Evidence from an empirical study of SL relativization. *Studies in Second Language Acquisition, 13*, 431-469.

Doughty, C. & Williams, J. (Eds.). (1998). *Focus on form in classroom second language acquisition*. New York: Cambridge University Press.

Dulay, H. C. & Burt, M. K. (1974). Natural sequences in child second language acquisition. *Language Learning, 24*, 37-53.

Ellis, R. (2006). Modelling learning difficulty and second language proficiency: The differential contributions of implicit and explicit knowledge. *Applied Linguistics, 27*, 431-463.

Ferris, L. & Hedgcock, J. S. (2005). *Teaching ESL composition: Purpose, process, and practice*. Mahwah, NJ: Lawrence Erlbaum Associates.

Flower, L. & Hayes, J. R. (1981). A cognitive process theory of writing. *College Composition and Communication, 22*, 365-387.

Gardner, B. & Gardner, F. (2000). *Oxford basics: Classroom English*. Oxford: Oxford University Press.

Gardner, R. C. (1985). *Social psychology and second language learning: The role of attitudes and motivation*. London: Edward Arnold.

Gardner, R. C. & Lambert, W. E. (1972). *Attitudes and motivation in second language learning*. Rowley, MA: Newbury House.

Garrett, P. (2010). *Attitudes to language*. Cambridge: Cambridge University Press.
Garrett, P., Coupland, N., & Williams, A. (2003). *Investigating language attitudes: Social meanings of dialect, ethnicity and performance*. Cardiff: University of Wales Press.
Gass, S. M. (1988). Integrated research areas: A framework for second language studies. *Applied Linguistics, 9*, 198-217.
Gass, S. M. & Selinker, L. (2001). *Second language acquisition: An introductory course* (2nd ed.). Mahwah, NJ: Lawrence Erlbaum Associates.
Goldschneider, J. M. & DeKeyser, R. M. (2001). Explaining the "natural order of L2 morpheme acquisition" in English: A meta-analysis of multiple determinants. *Language Learning, 51*, 1-50.
Hakuta, K. (1974). Prefabricated patterns and the emergence of structure in second language acquisition. *Language Learning, 24*, 287-297.
Harmer, J. (2007). *The practice of English language teaching* (4th ed.). Essex: Person Education Limited.
Haznedar, B. (2001). The acquisition of the IP system in child L2 English. *Studies in Second Language Acquisition, 23*, 1-39.
Heinrich, P. (2011). *The making of monolingual Japan: Language ideology and Japanese modernity*. Bristol: Multilingual Matters.
Hirvela, A. (2004). *Connecting reading and writing in second language writing instruction*. Ann Arbor: University of Michigan Press.
本名信行（2012）「【スーパー解説】英語が国際言語であるとはどういうことか」鈴木孝夫『あなたは英語で戦えますか―国際英語とは自分英語である』冨山房インターナショナル
House, J. (2003). English as a lingua franca: A threat to multilingualism? *Journal of Sociolinguistics, 7*, 556-578.
Ionin, T. & Wexler, K. (2002). Why is 'is' easier than '-s'?: Acquisition of tense/agreement morphology by child second language learners of English. *Second Language Research, 18*, 95-136.
石川祥一・西田　正・斉田智里（2011）『テスティングと評価―4技能の測定から大学入試まで』（英語教育学大系第13巻）大修館書店
石渡一秀・ハイズマン、グレッグ（2011）『現場で使える教室英語―重要表現から授業への展開まで―』三修社
伊東治己・川村亜紀・島田良子・西原美幸・舩年詩織（2007）「大学進学予定者を対象とした英語能力検定試験の国際比較―日本の大学入試センター試験とフィンランドのMatriculation Examinationを対象に―」『四国英語教育学会紀要』第27号，11-26.
和泉伸一（2009）『「フォーカス・オン・フォーム」を取り入れた新しい英語教育』大修館書店
Jenkins, J. (2000). *The phonology of English as an international language: New models, new norms, new goals*. Oxford: Oxford University Press.
Jenkins, J. (2007). *English as a lingua franca: Attitude and identity*. Oxford: Oxford University Press.
Johnson, K. (1982). *Communicative syllabus design and methodology*. Oxford:

Pergamon Press.

Kachru, B. B. (1985). Standards, codification and sociolinguistic realism: The English language in the outer circle. In R. Quirk & H. G. Widdowson (Eds.), *English in the world: Teaching and learning the language and literature* (pp. 11-30). Cambridge: Cambridge University Press.

Kachru, B. B. (2005). *Asian Englishes: Beyond the canon*. Hong Kong: Hong Kong University Press.

門田修平 (2007)『シャドーイングと音読の科学』コスモピア

河原俊昭・山本忠行 (2004)『多言語社会がやってきた―世界の言語政策Q&A―』くろしお出版

Keck, C., Iberri-Shea, G., Tracy-Ventura, N., & Wa-Mbaleka, S. (2006). Investigating the empirical link between task-based interaction and acquisition: A meta-analysis. In J. M. Norris & L. Ortega (Eds.), *Synthesizing research on language learning and teaching* (pp. 91-131). Amsterdam: John Benjamins.

Kirkpatrick, A. (2007). *World Englishes: Implications for international communication and English language teaching*. Cambridge: Cambridge University Press.

Koike, I. (1983). *Acquisition of grammatical structures and relevant verbal strategies in a second language*. Tokyo: Taishukan.

Krashen, S. D. (1982). *Principles and practice in second language acquisition*. Oxford: Pergamon.

Krashen, S. D. (1984). *Writing: Research, theory and applications*. Laredo: Beverly Hills.

Krashen, S. D. (1985). *The input hypothesis: Issues and implications*. New York: Longman.

Krashen, S. D., & Terrell, T. D. (1983). *The natural approach: Language acquisition in the classroom*. Oxford: Pergamon/Alemany.

Kuczaj, S. A. (1977). The acquisition of regular and irregular past tense forms. *Journal of Verbal Learning and Verbal Behavior, 16*, 589-600.

Lado, R. (1957). *Linguistics across cultures*. Ann arbor: University of Michigan Press.

Lardiere, D. (1998a). Case and tense in the 'fossilized' steady state. *Second Language Research, 14*, 1-26.

Lardiere, D. (1998b). Dissociating syntax from morphology in a divergent L2 end-state grammar. *Second Language Research, 14*, 359-375.

Lardiere, D. (2000). Mapping features and forms in second language acquisition. In J. Archibald (Ed.), *Second language acquisition and linguistic theory*. Malden, MA: Blackwell.

Larsen-Freeman, D. (2003). *Teaching language: From grammar to grammaring*. Boston: Heinle & Heinle Pub.

Lightbown, P. M. (1983). Exploring relationships between developmental and instructional sequences in L2 acquisition. H. G. Seliger & M. H. Long (Eds.), *Classroom-oriented research in second language acquisition* (pp. 217-243). Rowley, MA: Newbury House.

Lightbown, P. M. (1987). Classroom language as input to second language acquisition. In C. Pfaff (Ed.), *First and second language acquisition processes* (pp. 169-187). Rowley, MA: Newbury House.

Lightbown, P. M. & Spada, N. (2013). *How languages are learned* (4th ed.). Oxford: Oxford University Press.

Littlewood, W. (2004). The task-based approach: some questions and suggestion. *ELT Journal, 58*, 319-326.

Littlewood, W. & Yu, B. (2011). First language and target language in the foreign language classroom. *Language Teaching, 44* (1), 64-77.

Liu, J. & Hansen, J. G. (2002). *Peer response in second language writing classrooms*. Ann Arbor: University of Michigan Press.

Long, M. H. (1983). Native speaker/non-native speaker conversation and the negotiation of comprehensible input. *Applied Linguistics, 4*, 126-141.

Long, M. H. (1996). The role of the linguistic environment in second language acquisition. In W. C. Ritchie & T. K. Bhatia (Eds.), *Handbook of language acquisition. Vol. 2: Second language acquisition* (pp. 413-468). New York: Academic Press.

Luk, Z. P. S. & Shirai, Y. (2009). Is the acquisition order of grammatical morphemes impervious to L1 knowledge? Evidence from the acquisition of plural -*s*, articles, and possessive '*s*. *Language Learning, 59*, 721-754.

ラミス、ダグラス（1976）『英会話としてのイデオロギー』晶文社

Lyster, R., Lightbown, P. M., & Spada, N. (1999). A response to Truscott's 'What's wrong with oral grammar correction'. *Canadian Modern Language, 55*, 457-467.

Macaro, E. (2001). Analysing student teachers' codeswitching in foreign language classrooms: Theories and decision making. *The Modern Language Journal, 85*, 531-548.

Mackey, A. (1999). Input, interaction, and second language development. *Studies in second language acquisition, 21*, 557-587.

Mackey, A. & Goo, J. (2007). Interaction research in SLA: A meta-analysis and research synthesis. In A. Mackey (Ed.), *Conversational interaction in second language acquisition: A series of empirical studies* (pp. 407-452). Oxford: Oxford University Press.

Makino, T. (1980). *Acquisition order of English morphemes by Japanese adolescents*. Tokyo: Shinozaki Shorin Press.

Marcus, G. F., Pinker, S., Ullman, M., Hollander, M., Rosen, T. J. & F. Xu (1992). *Overregulations in Language Acquisition* (*Monographs of the Society for Research in Child Development* 57.4, Serial no. 228).

Matsuda, A. (2003). The ownership of English in Japanese secondary schools. *World Englishes, 22*, 483-496.

松村昌紀（2009）『英語教育を知る58の鍵』大修館書店

McLaughlin, B. (1978). The monitor model: Some methodological consideration. *Language Learning, 28*, 309-332.

McKenzie, R. (2008). Social factors and non-native attitudes towards varieties of spoken English: A Japanese case study. *International Journal of Applied Linguistics, 18*, 63-88.

McMillan, B. A. & Rivers, D. J. (2011). The practice of policy: Teacher attitudes toward "English only." *System, 39*, 251-263.

村野井仁(2006)『第二言語習得研究から見た効果的な英語学習法・指導法』大修館書店

Nakatani, Y. (2006). Developing an oral communication strategy inventory. *The Modern Language Journal, 90*, 151-168.

Nakatani, Y. (2010). Identifying strategies that facilitate EFL learners' oral communication: A classroom study using multiple data collection procedures, *The Modern Language Journal, 94*, 116-136.

Norris, J. M. & Ortega, L. (2000). The value and practice of research synthesis for language learning and teaching. In J. M. Norris & L. Ortega (Eds.), *Synthesizing research on language learning and teaching* (pp. 3-50). Amsterdam: John Benjamins.

Okuwaki, N. (2002). Acquisition of past tense in English by Japanese speakers: Is it a syntactic problem? *JACET Bulletin, 35*, 79-92.

Pica, T., Young, R., & Doughty, C. (1987). The impact of interaction on comprehension. *TESOL Quarterly, 21*, 737-758.

Pinker, S. (1999). *Words and Rules*. Basic Books.

Prodromou, L. (2006). Defining the 'successful bilingual speaker of English'. In R. Rubby & S. Mario (Eds.), *English in the world: Global rules, global role* (pp. 51-70). London: Continuum.

Raimes, A. (1998). *Exploring through writing: A process approach to ESL composition* (2nd ed.). Cambridge: Cambridge University Press.

Rames, A. (1983). *Techniques in teaching writing*. New York: Oxford University Press.

Rivers, D. J. (2011). Politics without pedagogy: Questioning linguistic exclusion. *ELT Journal, 65*, 103-111.

Rumelhart, D. E., Hinton, G. E., & McClelland, J. L. (1986). A general framework for parallel distributed processing. In D. E. Rumelhart, J. L. McClelland, & the PDP Research Group (Eds.), *Parallel distributed processing: Explorations in the microstructure of cognition, Foundations* (Vol. 1, pp. 45-76). Cambridge, MA: MIT Press.

Russell, J. & Spada, N. (2006). The effectiveness of corrective feedback for the acquisition of L2 grammar. In J. M. Norris & L. Ortega (Eds.), *Synthesizing research on language learning and teaching* (pp. 133-164). Amsterdam: John Benjamins.

酒井邦秀・神田みなみ(2005)『教室で読む英語100万語―多読授業のすすめ―』大修館書店

Sato, C. (1990). *The syntax of conversation in interlanguage development*. Tübingen: Gunter Narr Verlag.

Schachter, J. (1974). An error in error analysis. *Language learning, 24*, 205-214.

Schmidt, R. W. (1993). Consciousness, learning and interlanguage pragmatics. In

G. Kasper & S. Blum-Kulka (Eds.), *Interlanguage pragmatics* (pp. 19-42). Oxford: Oxford University Press.

Schmidt, R. W. (1995). Consciousness and foreign language learning: A tutorial on the role of attention and awareness in learning. In R. W. Schmidt (Ed.), *Attention and awareness in foreign language learning* (pp. 1-63). Honolulu: University of Hawaii Press.

Seidlhofer, B. (2004). Research perspectives on teaching English as a lingua franca. *Annual Review of Applied Linguistics, 24*, 209-239.

Selinker, L. (1969). Language transfer. *General Linguistics, 9*, 67-92.

Selinker, L. (1972). Interlanguage. *International Review of Applied Linguistics in Language Teaching, 10*, 219-231.

Sharwood Smith, M. (1981). Consciousness-raising and the second language learner. *Applied Linguistics, 2*. 159-169.

Sharwood Smith, M. (1986). Comprehension versus acquisition: Two ways of processing input. *Applied Linguistics, 7*, 238-256.

Shibata, M. (2012). The effect of explicit instruction on the comprehension of the English present perfect by Japanese learners of English. *SELT-Okinawa Review, 11*, 1-26.

Shibata, M., Shirahata, T., & Taferner, R. H. (2013, August). *Little effect of classroom instruction on the accuracy of verb morphemes by Japanese EFL learners*. Poster session presented at the 23rd annual conference of the European Second Language Association, Amsterdam.

白井恭弘（2012）『英語教師のための第二言語習得論入門』大修館書店

Shirahata, T. (1988). The learning order of English grammatical morphemes by Japanese high school students. *JACET Bulletin, 19*, 83-102.

白畑知彦（2008）「第二言語習得研究からの示唆」小寺茂明・吉田晴世（編著）『スペシャリストによる英語教育の理論と応用』pp. 63-78. 松柏社

Shirahata, T., Shibata, M., & Taferner, R. H. (2013, January). *Persistency of morpheme acquisition sequence in contrast to oral metalinguistic explanations and direct written correct feedback for Japanese EFL Learners*. Paper presented at the Applied Linguistics Association of Korea (ALAK) 2013 Conference.

白畑知彦・冨田祐一・村野井仁・若林茂則（2009）『改訂版　英語教育用語辞典』東京：大修館書店

白畑知彦・若林茂則・村野井仁（2010）『詳説第二言語習得研究理論から研究まで』研究社

白畑知彦・若林茂則・須田孝司（2004）『英語習得の「常識」「非常識」―第二言語習得研究からの検証―』大修館書店

Silva, T. (1990). Second language composition instruction: Developments, issues, and directions in ESL. In B. Kroll, (Ed.), *Second language writing: Research insights for the classroom* (pp. 11-23). Cambridge: Cambridge University Press.

Stauble, A. M. (1984). A comparison of a Spanish-English and a Japanese-English second language continuum: Negation and verb morphology. In R. W. Andersen (Ed.), *Second languages: A cross-linguistic perspective*. Rowley,

MA: Newbury House.
Stockwell, R., Bowen, J., & Martin, J. (1965). *The grammatical structures of English and Spanish*. Chicago, IL: University of Chicago Press.
菅井英明（2006）『測定可能な言語能力とは』国立国語研究所（編）『世界の言語テスト』pp. 3-14．くろしお出版
杉浦正好（2000）「なぜ8年も英語を勉強してもできるようにならないか」『名古屋大学言語文化部だより』2000年10月1日号
鈴木孝明・白畑知彦（2012）『ことばの習得―母語獲得と第二言語習得―』くろしお出版
鈴木孝夫（2006）『日本人はなぜ日本を愛せないのか』新潮社
Swain, M. (1985). Communicative competence: Some roles of comprehensible input and comprehensible output in its development. In S. Gass & C. Madden (Eds.), *Input in second language acquisition* (pp. 235-253). Rowley, MA: Newbury House.
Swain, M. (1995). Three functions of output in second language learning. In G. Cook & B. Seidlhofer (Eds.), *Principle and practice in applied linguistics: Studies in honour of HG Widdowson* (pp. 125-144). Oxford: Oxford University Press.
Swain, M. (2000). The output hypothesis and beyond: Mediating acquisition through collaborative dialogue. In J. P. Lantolf (Ed.), *Sociocultural theory and second language learning* (pp. 94-114). Oxford: Oxford University Press.
Swain, M. & Lapkin, S. (1995). Problems in output and the cognitive processes they generate: A step towards second language learning. *Applied Linguistics, 16*, 371-391.
Swain, M. & Lapkin, S. (2000). Task-based second language learning: The uses of the first language. *Language Teaching Research, 4*, 251-274.
田尻悟郎（2009）『（英語）授業改革論』教育出版
髙島英幸（2005）『文法項目別英語のタスク活動とタスク―34の実践と評価―』大修館書店
髙島英幸（2011）『英文法導入のための「フォーカス・オン・フォーム」アプローチ』大修館書店
田中克彦（1981）『ことばと国家』岩波新書
田中武夫・田中知聡（2009）『英語教師のための発問テクニック―英語授業を活性化するリーディング指導』大修館書店
寺内正典（1996）「形態素の習得」小池生男（監修），SLA研究会（編）『第二言語習得研究に基づく最新の英語教育』pp. 24-48．大修館書店
Tokumoto, M. & Shibata, M. (2011). Asian students' attitudes to their accented English. *World Englishes, 30*, 392-408.
Tokumoto, M. & Shibata, M. (2013). English speakers' attitudes towards Japanese-accented English. *Southern Review, 27*, 53-68.
Tomita, Y. (1989). *Acquisition order of English grammatical morphemes by Japanese senior high school students in an instruction—only environment*. 修士論文 上越教育大学
投野由紀夫（2013）『CAN-DOリスト作成・活用 英語到達度指標CEFR-Jガイド

ブック』大修館書店
Tsuda, Y. (1992). Dominance of English and linguistic discrimination. *Media Development, 39*, 32-34.
Ur, P. (1991). *A course in language teaching: Practice and theory.* Cambridge: Cambridge University Press.
Ur, P. (2009). *Grammar practice activities: A practical guide for teachers.* Cambridge: Cambridge University Press.
van den Branden, K. (1997). Effects of negotiation on language learners' output. *Language Learning, 47*, 589-636.
VanPatten, B. (1996). *Input processing and grammar instruction: Theory and research.* Norwood, NJ: Ablex.
VanPatten, B. (2003). *From input to output. A teacher's guide to second language acquisition.* Boston, MA: McGraw-Hill.
若林俊輔・根岸雅史(1993)『無責任なテストが「落ちこぼれ」を作る―正しい問題作成への英語授業学的アプローチ』大修館書店
渡辺己(2004)「北アメリカ北西海岸先住民にみる言語とアイデンティティ」小野原信善・大原始子(編)『ことばとアイデンティティ』pp. 127-149. 三元社
White, L. (1991). Adverb placement in second language acquisition: Some effects of positive and negative evidence in the classroom. *Second Language Research, 7*, 133-161.
Yano, Y., Long, M, H., & Ross, S. (1994). The effects of simplified and elaborated texts on foreign language reading comprehension. *Language Learning, 44*, 189-219.
Yashima, T. (2002). Willingness to communicate in a second language: The Japanese EFL context. *The Modern Language Journal, 86*, 54-66.
Yashima, T. (2009). International posture and the ideal L2 self in the Japanese EFL context. In Z. Dörnyei & E. Ushioda (Eds.), *Motivation, language, identity and the L2 self* (pp. 144-163). Bristol: Multilingual Matters.
Yashima, T., Zenuk-Nishide, L., & Shimizu, K. (2004). The influence of attitudes and affect on willingness to communicate and second language communication. *Language Learning, 54*, 119-152.
横田秀樹(2011)「英語授業のマイナー・チェンジ―第二言語習得研究と授業実践の接点―」中部地区英語教育学会三重支部4月23日例会発表資料
横田秀樹(2013)「文法形態素習得における所有格-'sの難易度」『金沢学院大学紀要』第11号, 145-152.
Yoshimura, F. (2009). Effects of connecting reading and writing and a checklist to guide the reading process on EFL learners' learning about English writing. *Procedia Social and Behavioral Sciences, 1*, 1871-1883.
吉村富美子(2013)『英文ライティングと引用の詐称―盗用と言われないための英文指導』研究社

付録　参考教材および雑誌
【中学校教科書】
『ONE WORLD English Course 3』　教育出版　平成24年1月発行
『SUNSHINE ENGLISH COURSE 1』　開隆堂　平成24年2月発行
『NEW HORIZON English Course 3』　東京書籍　平成24年2月発行

【ライティング教材】
『Thoughts into Writing（パラグラフ・ライティング入門）』（2002）Sakamoto, Masako, Furuya, Noriko, & Hubenthal, Charles. D. 成美堂
『Writing to Communicate 1: Paragraphs』（2008）Boardman, Cynthia A. Pearson Longman
『Writing facilitator: Introduction to paragraph writing（構造から学べるパラグラフライティング入門）』（2003）Shizuka, Tetsuhito 松柏社

【引用雑誌】
『英語教育』2012年10月増刊号「CAN-DOリストで「できる」こと―作成とその実践」大修館書籍
『Harvard Business Review』2012年10月号「グローバル英語力」ダイヤモンド社

索　引

A

CAN-DO リスト ·······················167
EFL (English as a Foreign Language)
　···196
Engage, Stugy, Activate ···············71
ENL (English as a Native Language)
　···196
ESL (English as a Second Language)
　···196
Presentation（提示）―Practice（練習）―Production（産出） ·····69

あ

アウトプット (output) ···············10
アウトプット仮説（Output Hypothesis）·····························31
アクティビテイ (activity) ···········16
穴 (hole) ···································32
誤り (error) ························92, 95
誤り分析 (error analysis) ············95
暗示的指導法 (implicit instruction)
　···72
暗示的文法知識 (implicit grammatical knowledge) ·························18
一貫性 (coherence) ··················124
意味 (meaning) ··························12
意味交渉 (negotiation of meaning)
　···34
インタラクション (interaction) ···10
インタラクション仮説（Interaction Hypothesis）···························33
インフォメーション・ギャップ活動 (information-gap activity) ···85
インプット (input) ····················10
インプット仮説（Input Hypothesis）
　···28
インプット強化 (input enhancement)
　···74
インプット洪水 (input flood) ······74
英語母語話者 ···························198
置きかえドリル (substitution drill)
　···83

か

外円圏 (Outer Circle) ···············196
回避 (avoidance) ························96
学習 (learning) ···························11
拡張圏 (Expanding Circle) ········196
確認チェック (confirmation check)
　···34
仮説検証 (hypothesis testing) ······35
機械的パターン・プラクティス (mechanical pattern practice)
　···39
気づき仮説（Noticing Hypothesis）
　···36
機能 (function) ··························12
客観テスト (objective test) ········178
教室英語 (classroom English) ···152
協同ライティング (collaborative writing) ·······························135
局所的誤り (local error) ············95
空所補充 ··································179
クローズ・テスト (cloze test) ···166
形式 (form) ································12
結束性 (cohesion) ····················124
言語アイデンティティ (language identity) ······························204
言語形式・意味・機能のマッピング (form-meaning-function mapping) ···································42
言語態度 (language attitude) ······205
言語転移 (language transfer) ······93

構成概念妥当性（construct validity）
　　　……………………………177
個別項目テスト（discrete point test）
　　　……………………………166
コミュニカティブ・アプローチ（Communicative Language Teaching: CLT）……………………………67
コミュニケーション能力（communicative competence）………………14

さ

差（gap）……………………………32
ジグソー活動（jigsaw activity）…86
自己点検リスト……………………137
実用性（practicality）……………178
指導を受けた第二言語習得（instructed SLA）……………………………25
ジャパニーズ・イングリッシュ……199
習得（acquisition）…………………11
主観テスト（subjective test）……178
熟達度テスト（proficiency test）
　　　……………………………168
順位付け活動（ranking activity）
　　　………………………………86
順番並べかえ………………………182
真正性（authenticity）……………178
診断テスト（diagnostic test）……168
信頼性（reliability）………………177
推測活動（guessing activity）……86
スピーキング・スキル……………163
正（＋）の転移………………………93
正誤判断……………………………179
全身反応教授法（Total Physical Response: TPR）………………151
全体的誤り（global error）………95

た

第一言語（first language）…………15
対照分析仮説（Contrastive Analysis Hypothesis）……………………92

第二言語（second language）………15
第二言語習得のプロセス……………38
多肢選択……………………………179
タスク（task）………………………16
中間言語（interlanguage）…………16
沈黙期（silent period）……………28
道具的動機（instrumental motivation）……………………………209
統合的テスト（integrative test）…166
統合的動機（integrative motivation）
　　　……………………………209
到達度テスト（achievement test）
　　　……………………………168
ドリル（drill）………………………16

な

内円圏（Inner Circle）……………196
ネイティブ・スピーカー…………198

は

パフォーマンス・テスト（performance test）……………………………165
パラグラフ構成……………………129
ピア・レビュー（peer review）…138
非英語母語話者……………………198
標準英語……………………………210
フィードバック（feedback）………10
フォーカス・オン・フォーム（Focus on Form）…………………17, 69
フォーカス・オン・フォームズ（Focus on Forms）………………………17
フォーカス・オン・ミーニング（Focus on Meaning）……………………17
負（－）の転移………………………94
プラクティス（practice）…………16
プロセス・アプローチ（process approach）……………………127
母語…………………………………18
母国語………………………………18

ま

間違い（mistake） ……………………95
明確化要求（clarification request）
　………………………………………34
明示的指導法（explicit instruction）
　………………………………………72
明示的文法知識（explicit grammatical knowledge） ……………………18

や

有意味ドリル（meaningful drill） …84

ら

ライティング・スキル ………………163
理解可能なインプット（comprehensible input） ……………………29
理解チェック（comprehension check）
　………………………………………34
リスニング・スキル …………………163
リーディング・スキル ………………163
リンガ・フランカ英語（English as a Lingua Franca: ELF） ………199
レベル分けテスト（placement test）
　………………………………………168

［著者紹介］

柴田美紀（しばたみき）広島大学大学院総合科学研究科 准教授
　　1965年愛知県生まれ。第二言語習得・語学教育博士（アリゾナ大学）。沖縄大学、琉球大学を経て、2011年から現職。専門は第二言語習得、英語教育。主著に、『沖縄の英語教育と米軍基地：フェンスのうちと外での外国語学習』（丸善出版、2013）。

横田秀樹（よこたひでき）　静岡文化芸術大学文化政策学部 教授
　　1965年三重県生まれ。言語学博士（エセックス大学）。高校教諭、岐阜医療科学大学、金沢学院大学を経て、2013年から現職。専門は心理言語学、第二言語習得、英語教育。習得に関する論文多数。

英語教育の素朴な疑問
―教えるときの「思い込み」から考える―

2014年6月15日　第1刷発行
2015年4月15日　第2刷発行

著者　　柴田美紀・横田秀樹

発行所　　株式会社　くろしお出版
　　　　〒113-0033　東京都文京区本郷3-21-10
　　　　TEL：03-5684-3389　FAX：03-5684-4762　WEB：www.9640.jp

装　丁　　折原カズヒロ
印刷所　　シナノ書籍印刷

© Miki Shibata, Hideki Yokota, 2014, Printed in Japan
ISBN 978-4-87424-616-0　C1080
本書の全部または一部を無断で複製することは，著作権法上での例外を除き禁じられています。